FRIEDRICH GREVE

Die Ministerverantwortlichkeit im konstitutionellen Staat

AF890840

Schriften zur Verfassungsgeschichte

Band 26

Die Ministerverantwortlichkeit im konstitutionellen Staat

unter besonderer Berücksichtigung der Verfahren gegen den Minister von Scheele im Herzogtum Holstein 1855/56

Von

Dr. Friedrich Greve

DUNCKER & HUMBLOT / BERLIN

CIP-Kurztitelaufnahme der Deutschen Bibliothek

Greve, Friedrich

Die Ministerverantwortlichkeit im konstitutionellen Staat: unter bes. Berücks. d. Verfahren gegen d. Minister von Scheele im Herzogtum Holstein 1855/56. — 1. Aufl. — Berlin: Duncker und Humblot, 1977.
(Schriften zur Verfassungsgeschichte; Bd. 26)
ISBN 3-428-03921-1

Alle Rechte vorbehalten
© 1977 Duncker & Humblot, Berlin 41
Gedruckt 1977 bei Buchdruckerei Bruno Luck, Berlin 65
Printed in Germany

ISBN 3 428 03921 1

Vorwort

Die vorliegende Arbeit wurde im Wintersemester 1976/77 vom Fachbereich Rechtswissenschaft der Universität Kiel als Dissertation angenommen.

Mein besonderer Dank gilt meinem verehrten Lehrer Herrn Prof. Dr. Georg Christoph von Unruh, der die Anregung zu dieser Untersuchung gab und sie betreut hat. Dank schulde ich daneben Herrn Prof. Dr. Werner Frotscher für vielfältige Hilfe und Förderung.

Herrn Senator E. h. Ministerialrat Prof. Dr. J. Broermann danke ich für die Aufnahme der Arbeit in sein Verlagsprogramm.

Kiel, im März 1977 *Friedrich Greve*

Inhaltsverzeichnis

Dritter Teil

Die Verfahren gegen den Minister von Scheele

Abkürzungsverzeichnis

a. A.	anderer Ansicht
Abt.	Abteilung
a. E.	am Ende
Anm.	Anmerkung
Art.	Artikel
Bay. RegBl.	Bayerisches Regierungsblatt
Bd.	Band, Bind
begr.	begründet
bzw.	beziehungsweise
CS	Chronologische Sammlung der Verordnungen und Verfügungen für die Herzogtümer Schleswig und Holstein
DBL	Dansk Biografisk Leksikon
ders.	derselbe
Dok.	Dokumente
DVBl	Deutsches Verwaltungsblatt
f.	die folgende Seite
ff.	die folgenden Seiten
Fas.	Faszikel
GS	Gesetzessammlung
h. L.	herrschende Lehre
Holst. ABl.	Vereinigtes Amtsblatt für das Herzogtum Holstein
Holst. GBl.	Gesetzblatt für das Herzogtum Holstein
hrsg.	herausgegeben
insb.	insbesondere

Jur. Diss.	Juristische Dissertation
KrZ	Kritische Zeitschrift für Rechtswissenschaft und Gesetzgebung des Auslandes
LAS	Landesarchiv Schleswig
Lfg.	Lieferung
m. w. N.	mit weiteren Nachweisen
Nr.	Nummer
Old. GS	Oldenburgische Gesetzessammlung
QuFGSH	Quellen und Forschungen zur Geschichte Schleswig-Holsteins
RAK	Reichsarchiv Kopenhagen
Reg. Bl.	Regierungsblatt
S.	Seite
Sächs. GVOBl.	Sächsisches Gesetz- und Verordnungsblatt
Schl. CS	Chronologische Sammlung der Verordnungen, Verfügungen etc. für das Herzogtum Schleswig
SchlHA	Schleswig-Holsteinische Anzeigen
SHBl	Schleswig-Holsteinisches Biografisches Lexikon
sog.	sogenannt
Sp.	Spalte
u. s. w.	und so weiter
vgl.	vergleiche
z. B.	zum Beispiel
zit.	zitiert
ZSHG	Zeitschrift der Gesellschaft für Schleswig-Holsteinische Geschichte

Einleitung

In alle konstitutionellen Verfassungen des 18. und 19. Jahrhunderts wurde neben der Unverantwortlichkeit des Staatsoberhauptes auch das Institut der Ministerverantwortlichkeit aufgenommen. Es ist ein unbestrittener Satz der staatsrechtlichen Literatur, daß diese beiden Prinzipien die wichtigsten konstitutionellen Grundsätze beinhalten und in ihrer Verbindung den *„Schlußstein des Konstitutionalismus“* bilden[1]. Dabei fällt dem Institut der Ministerverantwortlichkeit die Aufgabe zu, die Ausübung der hoheitlichen Gewalt an Stelle des unverantwortlichen Staatsoberhauptes gegenüber den Kontrollrechten der Volksvertretung zu vertreten und diesem Staatsorgan die Möglichkeit einzuräumen, über die Einhaltung der Gesetze und insbesondere der Verfassung zu wachen und sie notfalls zu erzwingen[2]. Diese Aufgabe konnte das Institut der Ministerverantwortlichkeit allerdings nur erfüllen, wenn es als gleichwertig zur Unverantwortlichkeit des Staatsoberhauptes verstanden und behandelt wurde.

In der vorliegenden Arbeit soll nun untersucht werden, ob die in den §§ 14 und 17 der Holsteinischen Verfassung vom 11. Juni 1854[3] geregelte Ministeranklage und Beschwerde an den König solch eine wirksame Begrenzung der Exekutivgewalt beinhalten. Bei der Beantwortung dieser Frage werden die von der achten Holsteinischen Provinzialständeversammlung gegen den Minister für die Herzogtümer Holstein und Lauenburg *Ludwig Nicolaus von Scheele* eingeleiteten Verfahren, die in der Literatur zwar erwähnt[4], aber bislang in ihrer staatsrechtlichen Problematik noch nicht behandelt worden sind[5], ob-

---

1 *Dallinger*, S. 59; *Frisch*, S. 104; *Maurer*, S. 6; *Passow*, S. 40 f.; *Putzrath*, S. 39.

2 *Dallinger*, S. 63; *Frisch*, S. 184; *Hauke*, S. 24 f.; *Samuely*, S. 65 ff.

3 Holst. GMinBl. 1854 Nr. 111; Urkundenbuch, S. 51 ff.

4 *Boysen*, S. 18 f.; *Döhring*, SchlHA 1959, 229 (234 f.); *von Hedemann-Heespen*, S. 688 f.; *Henrici*, S. 50; *Lorenzen*, ZSHG 87 (1962), 153 (169 f.); *Lüders*, SchlHA 1934, 241 (243); *Tagg*, S. 9 ff.; *Thudichum*, Annalen des Deutschen Reichs 1885, 637 (663 f.).

5 Ausschließlich mit den Verfahren gegen den Minister von Scheele befassen sich nur drei anonyme Flugschriften aus dem Jahre 1856. Zwei von ihnen (Die Holsteinische Provinzialständeversammlung gegen den Minister! Der Minister aber für das Volk!; Zur Widerlegung der Bargum'schen Vertheidigungsschrift für den Minister von Scheele) sind noch vor Abschluß der Ministeranklage erschienen, während die dritte Flugschrift (Ein Wort über die Entscheidung des Oberappellationsgerichts) zwei Monate nach Ende des

wohl sie zu den wenigen durchgeführten Verfahren dieser Art während der gesamten Epoche des Konstitutionalismus in Deutschland gehören, besondere Berücksichtigung finden.

Prozesses verfaßt wurde. Auf Grund der eindeutigen Parteinahme für das Vorgehen des Ministers hat die erstgenannte Flugschrift rein politischen Charakter. Die Verfasser der beiden anderen Schriften behandeln die staatsrechtliche Problematik ebenfalls nicht, sondern geben lediglich die rechtliche Argumentation der Anklage (Zur Widerlegung der Bargum'schen Vertheidigungsschrift für den Minister von Scheele) bzw. der Verteidigung (Ein Wort über die Entscheidung des Oberappellationsgerichts) wieder.

Erster Teil

Historische Einführung

I. Die geistig-politischen Bewegungen im 19. Jahrhundert

Nach der Auflösung der feudalen Sozialstruktur des Mittelalters und der Entwicklung neuer Wirtschaftsmethoden versuchte der dritte Stand, die aufsteigende Schicht des besitzenden Bürgertums, seit dem 18. Jahrhundert einen stärkeren Anteil am gesellschaftlichen und politischen Leben zu nehmen.

Im Kampf gegen die alte ständische Ordnung bildeten dabei die Forderungen nach persönlicher Freiheit und politischer Gleichheit die geistigen Waffen. Dieses liberale Gedankengut, dessen Wurzeln in der englischen Aufklärung liegen und das von französischen Gelehrten weiterentwickelt worden ist, hat zum ersten Mal in der amerikanischen Demokratie praktische Anwendung gefunden. Seinen entscheidenden Durchbruch hat es jedoch in der französischen Revolution von 1789 mit der Erklärung der Menschenrechte erlangt[1].

Mit dem politischen Liberalismus jener Jahre hängt der Nationalismus auf das engste zusammen. Auch die nationale Idee, das Streben nach einem bürgerlichen Nationalstaat, ist Ausdruck des Persönlichkeitsdenkens[2]. Mit der Forderung nach nationaler Einheit und Freiheit ging die bürgerliche Bewegung gegen die altständische Gesellschaftsordnung, die den priviligierten Gruppen — dem Adel und der Geistlichkeit — eine Vorherrschaft einräumte, vor.

Beide Strömungen, der politische *Liberalismus* und der *Nationalismus,* gingen von Frankreich aus. Die dann folgende Herrschaft Napoleons förderte und stärkte die Besinnung der Völker auf ihre eigenen kulturellen Werte. In dem Kampf gegen diese Fremdherrschaft spürten breite Bevölkerungsschichten zum ersten Mal, daß sie einer großen Schicksalsgemeinschaft angehörten. Dadurch wurde der Drang nach einem Nationalstaat, der dem einzelnen Bürger den erforder-

---

[1] *Schnabel,* Geschichte, S. 90 ff.

[2] *Forsthoff,* S. 72 ff.; *Huber,* Verfassungsgeschichte II, S. 380; zum Entstehen des Nationalismus in den einzelnen Völkern Europas eingehend *Lemberg,* S. 152 ff.

lichen Schutz gewähren könnte, verstärkt[3]. Diese Bestrebungen der Völker, die durch die deutsche Romantik und die klassische Literatur unterstützt wurden, spürten auch die Regierungen, die als Bewahrer der erstarrten ständischen Ordnung für die Niederlagen verantwortlich gemacht wurden. Die Erkenntnis, daß mit der Befreiung von der napoleonischen Fremdherrschaft eine Veränderung der bestehenden Gesellschafts- und Staatsordnung einhergehen sollte, erfüllte die Fürsten mit Sorge.

Das Ziel der Völker war es, ihre politischen Geschicke selbst zu regeln. Sie wollten nicht nur die Einheit, sondern auch die Freiheit der Nation. Neben der Überwindung der feudalen ständischen Unterschiede sollte der einzelne sowohl das Recht auf einen unantastbaren Bereich zur persönlichen Entfaltung gegenüber dem Staat *(status negativus)* als auch eine Mitbestimmungsbefugnis an der Bildung des Staatswillens und die Kontrolle über die Staatsgewalt *(status activus)* erlangen[4].

Dies alles war in Deutschland, wo die nationale Idee im Gegensatz zu Frankreich nicht an den Staat, sondern an die Begriffe Volk, Kultur und Sprache anknüpfte[5], besonders schwer zu erreichen. Ein bürgerlicher Nationalstaat konnte hier nur entstehen, wenn die vielen kleinen weltlichen und geistlichen Herrschaften ihre Eigenständigkeit zugunsten eines einzigen Staates aufgeben würden. Wenn auch die nationalpolitische Willensbildung in breiten Bevölkerungsschichten Deutschlands durch die Befreiungskriege und die Stein-Hardenbergschen Reformen in Preußen stark gefördert wurde, so rückte das Ziel, die Bildung eines modernen Nationalstaates, insbesondere durch die Ergebnisse des Wiener Kongresses, in weite Ferne. Die Gedanken an einen zu schaffenden Nationalstaat lebten aber an den Universitäten fort und wurden von der einen an die nächste Generation weitergegeben.

II. Die Anfänge und Grundlagen des schleswig-holsteinischen Gedankens

In Schleswig-Holstein wurde der nationale Gedanke bereits um die Wende des 18. Jahrhunderts in dem um den Grafen *Fritz Reventlow* auf Gut Emkendorf versammelten Kreis schleswig-holsteinischer Adeliger wach[1]. Von dort wurde ein schwärmerisches Nationalgefühl in die Reihen der Ritterschaft getragen, die auf Grund ihrer politischen

---

[3] *Hartung*, S. 165 f.; *Menger*, S. 105 ff.

[4] *Huber*, Verfassungsgeschichte I, S. 4.

[5] *Böckenförde*, S. 27.

und sozialen Stellung allein in der Lage war, den zentralisierenden Bestrebungen des Kopenhagener Absolutismus entgegenzutreten[2].

In der ersten Phase der Opposition gegen die Krone, in der die Ritterschaft sich auf eine Verteidigung ihrer Privilegien und die besondere Stellung der Herzogtümer im dänischen Gesamtstaat beschränkte, gelang es ihr nicht, in breiten Schichten der Bevölkerung ein deutsches Nationalbewußtsein zu wecken. Dieser Streit einer kleinen sozialen Gruppe mit dem König, der nicht um eine Abschaffung, sondern nur um eine zeitgemäße Erneuerung des mittelalterlichen Ständestaates ging, zeigte der Masse der Bevölkerung keinen neuen Weg in die Zukunft.

Erst als die Ritterschaft sich ab 1815 erneut gegen die Krone auflehnte wurde deutlich, daß der Streit nicht mehr nur um Standes-, sondern um Landesprivilegien und Landesrechte geführt wurde. Dies war vor allen Dingen dem Historiker *Friedrich Christoph Dahlmann* zu verdanken, der im Sommer 1815 zum Sekretär der Fortwährenden Deputation der Ritterschaft gewählt wurde[3]. Im Gegensatz zu vielen ihrer Angehörigen erkannte Dahlmann den Anbruch des neuen Zeitalters, in dem die Völker für nationale Zusammenschlüsse und die Verwirklichung des Rechtsstaates zu begeistern waren. Er beschränkte sich deshalb nicht auf die Erneuerung einer mittelalterlichen landesständischen Verfassung, sondern arbeitete auf den Zusammenschluß des deutschen Volkes zu einer staatlichen Gemeinschaft hin, in die auch die Herzogtümer Schleswig und Holstein, die nach dem Ripener Freiheitsbrief von 1460 als *„up ewig ungedeelt“* galten, aufgenommen werden sollten[4].

Zwar wurden diese Gedanken, wie die auf eine die Herzogtümer verbindende Verfassung gerichteten Petitionen der schleswigschen Städte des Winters 1816/17 zeigen, auch im schleswigschen Raum gehört, eine nationale Bewegung konnte aber letztlich auch der Vorstoß Dahlmanns nicht entfachen[5]. Das Verlangen nach einer freien Verfassung blieb jedoch lebendig und wurde nach der Julirevolution von 1830 von *Uwe Jens Lornsen* erneut vorgetragen. Den von ihm in der Flugschrift „Über das Verfassungswerk in Schleswigholstein“ erhobenen Forderungen nach einem gemeinsamen Staatsrat, einer ge-

---

1 *Brandt*, S. 247 ff.; *Brandt / Klüver*, S. 218 ff.; *Meyer*, S. 6 f.; *Thurau*, S. 35 ff.

2 *von Unruh*, S. 49.

3 Zum Einfluß *Dahlmanns* auf die Ritterschaft eingehend: *Christern*, S. 209 ff.; *Brandt*, S. 368 ff.; *Brandt / Klüver*, S. 225; *Kähler*, S. 161 ff.

4 *Dahlmann*, S. 6, 12 ff.; *Huber*, Dahlmann, S. 17 ff.; *Scharff*, Schleswigholsteinischer Gedanke, S. 12 ff.; vgl. auch *Scharff* ZSHG 90 (1965), 83 ff. m. w. N.

5 *Scharff*, Schleswig-hosteinischer Gedanke, S. 14.

meinsamen Volksvertretung, einem obersten Gericht für beide Herzogtümer und voller Unabhängigkeit von der Krone in inneren Angelegenheiten[6] konnte sich der König nicht vollends verschließen. Am 28. Mai 1831 kündigte *Friedrich VI.* durch allgemeines Gesetz die Errichtung von Provinzialständen an[7]. Allerdings waren diese für beide Herzogtümer getrennt und besaßen nur beratende Funktion[8]. Außerdem errichtete der König durch Reskript vom 15. Mai 1834 eine gemeinsame Provinzialregierung und ein gemeinsames Oberappellationsgericht für die Herzogtümer[9]. Diese Maßnahmen befriedigten die Schleswig-Holsteiner, die eine Verbindung zwischen den Herzogtümern und Dänemark auf eine reine Personalunion beschränken wollten, jedoch nicht[10]. Auf der anderen Seite riefen sie in Nordschleswig und in Teilen Mittelschleswigs eine dänische Gegenbewegung hervor. Unter Führung von *Orla Lehmann* forderte die sog. *„eiderdänische Partei“*, Schleswig ganz von Holstein zu trennen und in die Monarchie einzugliedern.

Die politischen Gegensätze, durch die umstrittene Thronfolgefrage noch verschärft[11], wurden unüberbrückbar, als König *Christian VIII.* durch den „Offenen Brief“ vom 8. Juli 1846[12] für den künftigen Thronwechsel eine Trennung der Herzogtümer ankündigte und sich damit in Widerspruch zum allgemeinen Verständnis des Ripener Freiheitsbriefes setzte.

Die Erklärung des Königs stieß in den Herzogtümern auf einhellige Ablehnung und zeigte, wie tief sich die Grundlagen des schleswig-holsteinischen Gedankens verbunden mit dem deutschen Nationalgefühl nach langem und zähem Ringen in der gesamten Bevölkerung durchgesetzt hatten. Nun war der Weg bis zur Erhebung der Herzogtümer im Jahre 1848 nicht mehr weit.

---

[6] *Lornsen*, Verfassungswerk, S. 6; vgl. hierzu insb. *Scharff*, Schleswig-Holstein, S. 34 ff.

[7] CS 1831 Nr. 49.

[8] Vgl. die Verordnung wegen näherer Regulierung der ständischen Verhältnisse im Herzogtum Schleswig (Holstein) vom 15. Mai 1834 (CS 1834 Nr. 60).

[9] CS 1834 Nr. 61.

[10] *Lornsen*, Unionsverfassung, S. 9.

[11] Während in Dänemark und — wenn auch nicht unbestritten — in Schleswig nach dem Königsgesetz von 1665 beim Erlöschen der direkten männlichen Nachfolge das weibliche Thronfolgerecht galt, herrschte in Holstein die männliche Erbfolge, solange es überhaupt männliche Blutsverwandte der männlichen Linie des regierenden Hauses gab.

[12] CS 1846 Nr. 117; *Huber*, Dok I, Nr. 184.

III. Die Verfassungsentwicklung in Schleswig-Holstein seit 1848

1. Die Zeit bis zu der Bekanntmachung vom 28. Januar 1852

Am 20. Januar 1848 starb Christian VIII. Seinen letzten Weisungen folgend setzte sein einziger Sohn und Nachfolger *Friedrich VII.* unmittelbar danach eine Kommission mit dem Auftrag ein, die noch unter Christian VIII. im Entwurf fertiggestellte Gesamtstaatsverfassung zu beraten.

Nach dem *Verfassungsentwurf* sollten die dänischen Inseln, Jütland, Schleswig und Holstein je 18 Abgeordnete in eine gemeinsame mit beschließender Befugnis ausgestattete Ständeversammlung entsenden. Neben den gewählten Abgeordneten hatte der König das Recht, aus eigener Machtvollkommenheit für jeden Landesteil noch jeweils acht Mitglieder zu ernennen. Damit war in der zu bildenden Ständeversammlung jederzeit ein dänisches Übergewicht gesichert[1].

Mit dem liberalen Verfassungentwurf wollte die dänische Regierung die nationale Bewegung in den Herzogtümern Schleswig und Holstein abschwächen. Der Plan ging allerdings nicht in Erfüllung. Sowohl die mächtige eiderdänische Partei als auch die Schleswig-Holsteiner standen dem Verfassungentwurf ablehnend gegenüber. Während jene die Eingliederung Schleswigs in den Gesamtstaat forderte und dem Herzogtum Holstein eine eigene Verfassung geben wollte, sprachen sich die Schleswig-Holsteiner gegen eine Trennung der Herzogtümer aus und verwiesen auf den Ripener Freiheitsbrief von 1460[2].

Bestärkt durch die Meldungen von der französischen Februar-Revolution traten am 18. März 1848 70 führende Männer beider Herzogtümer ohne landesherrliches Einberufungspatent in Rendsburg zusammen und beschlossen, eine aus fünf liberalen Männern bestehende Deputation unter Leitung von *Wilhelm Hartwig Beseler* mit einer Petition nach Kopenhagen zu entsenden. In dieser Petition forderten die Schleswig-Holsteiner

— die Entlassung des Statthalters von Scheele,

— die Errichtung einer gemeinsamen Volksvertretung für Schleswig und Holstein,

— den Eintritt Schleswigs in den Deutschen Bund und

— Pressefreiheit, Versammlungsfreiheit sowie eine allgemeine Volksbewaffnung.

---

1 *Brandt / Klüver*, S. 244; *von Hedemann-Heespen*, S. 654 f.

2 *Brandt / Klüver*, S. 244; *Huber*, Verfassungsgeschichte II, S. 666.

Vor der Übergabe der Petition änderten sich die politischen Verhältnisse in Kopenhagen allerdings grundlegend. Unter dem Eindruck der französischen Revolution und der Ereignisse in Rendsburg gelang es der eiderdänischen Partei, den König zur Entlassung der bisherigen Minister zu zwingen. Das am 21. März 1848 ernannte Kabinett, das überwiegend aus eiderdänisch gesinnten Politikern bestand, erreichte dann, daß Friedrich VII. in seiner Antwort an die Deputation der Rendsburger Versammlung vom 24. März 1848 die *Eingliederung* des Herzogtums Schleswig in Dänemark ankündigte[3].

Noch am selben Tage stellten die Anführer der schleswig-holsteinischen Bewegung in einem Aufruf an die Bevölkerung der Herzogtümer fest, daß „der Wille des Landesherren nicht mehr frei und das Land ohne Regierung" sei[4]. Sie setzten deshalb eine provisorische Regierung ein, die vorläufig für die Aufrechterhaltung der Rechte des Landes Sorge tragen sollte.

Da die provisorische Regierung damit rechnen mußte, daß Dänemark versuchen würde, die Erhebung mit militärischen Mitteln niederzuschlagen, erbat sie den Beistand des *Deutschen Bundes* und beantragte außerdem, das Herzogtum Schleswig in den Deutschen Bund aufzunehmen. Am 4. April 1848 stellte der Bundestag fest, daß gem. Art. 38 der *Wiener Schlußakte* die Gefahr eines Angriffs auf das Herzogtum Holstein bestehe und leitete Maßnahmen zu dessen Verteidigung ein[5].

In der Folgezeit setzten zwischen den dänischen Truppen und der schleswig-holsteinischen Armee, die durch ca. 10 000 Soldaten des zehnten Bundeskorps verstärkt wurde, Kampfhandlungen ein[6]. Bevor eine der streitenden Parteien jedoch einen entscheidenden Sieg erringen konnte, kam es auf Druck der europäischen Großmächte nach langwierigen Verhandlungen zwischen Dänemark und Preußen am 26. August 1848 in Malmö zum Abschluß eines auf sieben Monate befristeten Waffenstillstandes[7]. Die Herzogtümer erhielten eine aus fünf Mitgliedern bestehende eigene Regierung, die sich allerdings insbesondere in dem stark dänisch beeinflußten Nordschleswig kaum Geltung verschaffen konnte[8].

---

[3] Protokolle der Bundesversammlung 1848 (Beilage zur 27. Sitzung), S. 333; *Huber*, Dok. I, Nr. 186 a.

[4] *Huber*, Dok. I, Nr. 186 b; *Schleiden*, Aktenstücke, Heft II, S. 1 f.

[5] Protokolle der Bundesversammlung (28. Sitzung), S. 341; *Huber*, Dok. I, Nr. 187; *Schleiden*, Aktenstücke, Heft II, S. 33 f.

[6] *Brandt / Klüver*, S. 248; *Huber*, Verfassungsgeschichte II, S. 671; zu den militärischen Auseinandersetzungen ausführlich *von Moltke*, Geschichte des Krieges gegen Dänemark 1848/49.

[7] Text bei *Huber*, Dok. I, Nr. 189.

[8] *Brandt / Klüver*, S. 250.

Die nach dem Abschluß des Waffenstillstandes aufgenommenen Verhandlungen führten nicht zu einem Friedensschluß. Daraufhin kündigte die dänische Regierung den Waffenstillstandsvertrag am 26. März 1849. Acht Tage später setzten die Kampfhandlungen erneut ein[9].

Vor einer endgültigen militärischen Entscheidung gelang es England, Frankreich und Rußland jedoch wiederum, die streitenden Parteien an den Verhandlungstisch zu bringen. Am 10. Juli 1849 schlossen Dänemark und Preußen in Berlin einen zweiten Waffenstillstandsvertrag[10]. In diesem Vertrag willigte Preußen dadurch, daß es für die Dauer der Verhandlungen der Errichtung einer Landesverwaltung im Herzogtum Schleswig zustimmte, während im Herzogtum Holstein die Statthalterschaft als Regierung bestehen blieb, in eine Trennung der Herzogtümer ein. Als sich der Druck des Zaren Anfang 1850 auf Preußen dann noch verstärkte, überantwortete es die Herzogtümer im *Berliner Frieden* vom 2. Juli 1850 wieder der dänischen Herrschaft[11]. Der Vertrag sah in Art. 4 vor, daß der dänische König in seiner Eigenschaft als *Herzog von Holstein* den deutschen Bund um Intervention „zur Wiederherstellung seiner rechtmäßigen Herrschaftsgewalt in Holstein unter gleichzeitiger Mitteilung seiner Absichten in Bezug auf die Befriedung des Landes ersuchen“ konnte. Da die Staatthalterschaft den Frieden nicht anerkannte und den Kampf gegen Dänemark aufnahm, stellte der dänische König am 2. September 1850[12] im Rumpfbundestag unter Berufung auf Art. 26 der Wiener Schlußakte[13] den Antrag auf eine Bundesintervention zur Niederwerfung der holsteinischen „Rebellen“. Diesem Antrag gab der Bundestag am 25. Oktober 1850 statt, obwohl Preußen noch Anfang Oktober den Eindruck erweckte, eine Bundesintervention als Kriegsfall anzusehen[14].

Erst in der sogenannten *Punktation von Olmütz* vom 29. November 1850[15] wurde Preußen dann durch die drohende Haltung Rußlands gezwungen, auf seine Unionsbestrebungen zu verzichten. Nach § 3 b dieser Vereinbarung verpflichteten sich Preußen und Österreich gemeinsame Kommissare nach Holstein zu entsenden, um die Statthalterschaft aufzufordern, die Feindseligkeiten gegen Dänemark einzustellen. Damit hatte Preußen die Herzogtümer nicht nur endgültig fal-

---

9 *Brandt / Klüver*, S. 250; *von Hedemann-Heespen*, S. 664 ff.; *Huber*, Verfassungsgeschichte II, S. 904.

10 *Huber*, Dok. I, Nr. 193.

11 *Huber*, Dok. I, Nr. 194.

12 Protokolle der Bundesversammlung 1850 (1. Sitzung), S. 9.

13 Protokolle der Bundesversammlung 1850 (11. Sitzung), S. 134 ff.; *Huber*, Dok. I, Nr. 196.

14 *Huber*, Verfassungsgeschichte II, S. 907.

15 *Huber*, Dok. I, Nr. 182.

lengelassen, sondern mußte darüberhinaus noch an dem Exekutionsverfahren gegen Holstein teilnehmen.

Am 1. Februar 1851 übergab die Statthalterschaft die Regierungsgewalt an die *Bundeskommissare*[16]. Mit dem Ende der Erhebung breitete sich Niedergeschlagenheit unter den Bürgern und Bauern der Herzogtümer aus. Sie verstanden nicht, weshalb ihre Forderungen der Erhaltung des Gleichgewichts der Kräfte zwischen den europäischen Großmächten geopfert worden waren.

In Dänemark glaubte man dagegen, durch diesen mit Hilfe der Großmächte erlangten Sieg dem Ziel, einen geschlossenen dänischen Nationalstaat errichten zu können, ein großes Stück näher gekommen zu sein. In der Folgezeit versuchte insbesondere die mächtige eiderdänische Partei, eine allmähliche Trennung Holsteins von dem Gesamtstaat und durch Ausbreitung der dänischen Sprache und Einsetzung dänischer Beamter eine Redanisierung Schleswigs zu erreichen[17].

Die Schleswig-Holsteiner waren nach dem enttäuschenden Ausgang der Erhebung auch bereit, sich mit diesen Bestrebungen abzufinden, wenn „man ihnen nur ein Mindestmaß an Freiheitsrechten zubilligte und ihre Sprache achtete“[18]. Da die Dänen diese Forderungen jedoch nicht berücksichtigten, sondern die Eingliederung Schleswigs mit allen Mitteln betrieben, regte sich in den Herzogtümern bald wieder eine rasch wachsende Opposition.

Diese Entwicklung wurde von den europäischen Großmächten, in denen die alten Kräfte nach dem Abflauen der revolutionären Bewegungen des Jahres 1848 wieder an Macht und Einfluß gewonnen hatten, mit Unruhe beobachtet. Wie sie drängte auch der Deutsche Bund auf eine Lösung des Konflikts. Am 11. Juni 1851 wurden Preußen und Österreich durch Beschluß der Bundesversammlung beauftragt, die holsteinischen Angelegenheiten zu regeln[19]. Von der dänischen Regierung wurde vor allen Dingen eine Erklärung über die Einführung verfassungsmäßiger Zustände erwartet. Erst danach sollten die Bundestruppen aus Holstein abgezogen werden.

Die Verhandlungen über die Bedingungen der Übergabe der Herrschaftsrechte in Holstein zogen sich bis Ende 1851 hin. Erst auf die Depeschen vom 26. und 30. Dezember 1851[20], in denen Österreich und

---

[16] *Schleiden*, Aktenstücke, Heft I, S. 111 f.

[17] *Jansen / Samwer*, S. 30 ff.; *Busch*, II, S. 1 ff.; ausführlich zur dänischen Sprachpolitik *Scharff*, ZSHG 91 (1966), 193 ff.

[18] *Scharff*, Schleswig-Holstein 1963, 281 (282).

[19] Protokolle der Bundesversammlung 1851 (10. Sitzung), S. 59 ff.; Urkundenbuch, S. 1 ff.

[20] Urkundenbuch, S. 15 ff., 24 ff.

Preußen ihre Forderungen formulierten, legte die Bekanntmachung des dänischen Königs vom 28. Januar 1852[21] die Bedingungen für die Herrschaftsübernahme fest. Nachdem der Bundestag dieser Übereinkunft am 29. Juli 1852[22] zugestimmt hatte, übergaben die Bundeskommissare die Herrschaftsgewalt an die dänischen Behörden.

2. Der Inhalt der Bekanntmachung vom 28. Januar 1852

In der Bekanntmachung wird einleitend angekündigt, daß die Verbindung der einzelnen Teile der Monarchie zu einem „wohlgeordneten Ganzen" beibehalten und fortgeführt werden soll. Zur Erfüllung dieser Forderung ist bestimmt, daß die Verwaltung der gemeinsamen Angelegenheiten, die zunächst gemeinschaftlichen Behörden obliegt, in der baldmöglichst einzuführende *„gemeinschaftlichen Verfassung"* geregelt wird. Während das Außen-, Kriegs-, Marine- und Finanzministerium dann die gemeinschaftlichen Angelegenheiten zu erfüllen haben, bleibt der Wirkungskreis der übrigen Ministerien für das Königreich Dänemark unverändert auf dieses beschränkt.

Die gemeinsame Verwaltung in den Herzogtümern soll für die Zukunft aufgehoben und von zwei getrennten Ministerien für die Herzogtümer Schleswig und Holstein-Lauenburg, die in Kopenhagen zu errichten sind, wahrgenommen werden. Lediglich einige nicht politische Einrichtungen wie die Universität in Kiel, die Ritterschaft, das Brandversicherungswesen, der Kanal und die Straf-, Taubstummen- und Irrenanstalten werden weiterhin der gemeinsamen Verwaltung der Ministerien unterstellt. Die Minister für die Herzogtümer Schleswig und Holstein-Lauenburg sollen sich allein vor dem König verantworten.

Außerdem sicherte Dänemark den Herzogtümern die Einhaltung folgender Punkte zu:

— die einzelnen Landesteile innerhalb der Gesamtmonarchie (Dänemark, Schleswig, Holstein, Lauenburg) sind gleichberechtigt;

— die Herzogtümer behalten in der Gesamtmonarchie ihre Selbständigkeit;

— die Gleichberechtigung der dänischen und deutschen Nationalität in dem Herzogtum Schleswig wird geschützt;

— eine Gesamtstaatsverfassung wird erst nach Gehör der Repräsentativorgane der einzelnen Landesteile erlassen;

---

[21] Schl. CS 1852 Nr. 7; Holst. GBl. 1852 Nr. 5; Urkundenbuch, S. 28 ff.; *Huber*, Dok. I, Nr. 199 (Auszug).

[22] Protokolle der Bundesversammlung 1852 (19. Sitzung), S. 775 ff.; Urkundenbuch, S. 37 ff.; *Huber*, Dok. I, Nr. 201.

— die Herzogtümer Schleswig und Holstein erhalten „auf verfassungsmäßigem Wege“ eigene Verfassungen, die den jeweiligen Provinzialständen zur Begutachtung vorgelegt werden;

— die Provinzialstände erhalten in den Angelegenheiten, in denen sie bisher eine beratende Stimme hatten, eine beschließende Befugnis;

— hinsichtlich der Verfassung des Herzogtums Lauenburg werden Beschlüsse des Königs erst nach „voraufgegangener verfassungsmäßiger Verhandlung“ mit der Ritter- und Landschaft ergehen;

— die Zuständigkeit des Oberappellationsgerichts bleibt weiterhin auf Holstein-Lauenburg beschränkt.

Mit der Bekanntmachung vom 28. Januar 1852 hatte also der *„leere“* Berliner Friede vom 2. Juli 1850 einen bestimmten Inhalt bekommen. Auf dieser Grundlage sollte nun der dänische Gesamtstaat errichtet und das Verhältnis zum Deutschen Bund bestimmt werden.

Da die getroffenen Vereinbarungen die gegnerischen Parteien jedoch nicht befriedigten, konnte der dänische Konflikt auf dieser Grundlage nur unterdrückt, aber nicht überwunden werden. Sowohl die starke eiderdänische Partei, die eine Inkorporation des Herzogtums Schleswig in das dänische Königreich anstrebte, als auch die Schleswig-Holsteiner, die eine enge Verbindung der Herzogtümer untereinander und einen Anschluß an den Deutschen Bund forderten, hatten ihr Ziel nicht erreicht. Zwar war der übernationale Gesamtstaat wieder hergestellt. Er stand jedoch im Widerspruch zu den Bestrebungen der Völker nach Bildung von Nationalstaaten. Da die verschiedenen Nationalitäten nicht mehr zu einer friedlichen Zusammenarbeit bereit waren, geriet die dänische Monarchie, als sie versuchte, den Gesamtstaat auf der Grundlage der Bekanntmachung vom 28. Januar 1852 neu zu organisieren, erneut in eine ernste Krise.

3. Die Spezialverfassungen

Mit gleichlautenden Patenten berief der dänische König am 14. August 1853 die *Provinzialstände* für die Herzogtümer Schleswig und Holstein[23] auf den 5. Oktober 1853 nach Flensburg bzw. Itzehoe ein[24].

---

[23] Die Schleswigsche und die Holsteinische Provinzialständeversammlung waren in ihrer Zusammensetzung gleich strukturiert. Gut 2/3 der Abgeordneten waren gewählte Vertreter der kleineren Landbesitzer und der Städte. Der Rest setzte sich etwa zu gleichen Teilen aus ernannten Vertretern der Ritterschaft, der Geistlichkeit und der Kieler Universität — im Herzogtum Holstein kam hierzu noch eine erbliche Virilstimme — und gewählten Vertretern der adeligen und anderer größerer Güter zusammen (vgl. Schl. Ständezeitung 1853/54, Sp. 1 ff.; Holst. Ständezeitung 1853, Sp. 1 ff.).

[24] Holst. GMinBl. 1853 Nr. 91; Schl. CS 1853 Nr. 101.

Entsprechend den mit Österreich und Preußen getroffenen Vereinbarungen wurde in diesen Patenten die Vorlage eines Entwurfs einer Spezialverfassung für jedes Herzogtum angekündigt.

Aus den Motiven zu dem Entwurf der *Holsteinischen Sonderverfassung* ergab sich, daß die §§ 1 - 6 der Vorlage, die die allgemeinen Verhältnisse des Herzogtums zur Gesamtmonarchie betrafen, nicht der Beratung und Begutachtung durch die Ständeversammlung unterlagen[25]. In der Schlußabstimmung am 15. Dezember 1853 verwahrte sich die Ständeversammlung zunächst mit 41 gegen 5 Stimmen dagegen, daß aus ihrer „nicht geschehenen Mitwirkung" zu den genannten allgemeinen Bestimmungen des Verfassungsentwurfs eine Zustimmung zu folgern sei[26]. Außerdem sprachen sich die Abgeordneten mit unterschiedlichen Mehrheiten gegen verschiedene andere Vorschriften der Vorlage aus und baten schließlich mit 28 gegen 17 Stimmen, von einer Abänderung der Verordnung wegen näherer Regulierung der ständischen Verhältnisse in dem Herzogtum Holstein vom 15. Mai 1834[27] abzusehen. Ein gedeihliches Zusammenleben, d. h. eine Gleichberechtigung der verschiedenen Nationalitäten, konnte nach ihrer Ansicht nur durch die Wiederherstellung der „vor 1848 in sämmtlichen Theilen der Monarchie bestandenen absoluten Regierungsform mit berathenden Ständen" erreicht werden[28].

Die Anregungen und Bedenken der Provinzialständeversammlung fanden in Kopenhagen jedoch kein Gehör, sondern wurden als „unreifes Machwerk" bezeichnet und nicht berücksichtigt[29]. Die Regierung veröffentlichte die Vorlage am 11. Juni 1854 ohne Berücksichtigung der ständischen Wünsche als Verfassung für das Herzogtum Holstein[30].

Wie in der holsteinischen Vorlage waren die das Verhältnis zum Gesamtstaat regelnden §§ 1 - 4[31] aus dem Entwurf zu der *Schleswigschen Verfassung* ebenfalls der Beratung durch die dortige Ständeversammlung entzogen[32]. Zu einer Ablehnung der gesamten Vorlage wie

[25] Holst. Ständezeitung 1853, 1. Beilagenheft, Sp. 37.

[26] Holst. Ständezeitung 1853, Sp. 981.

[27] CS 1834 Nr. 60.

[28] Holst. Ständezeitung 1853, Sp. 987.

[29] *Francke*, Die Herzogtümer Juli 1856, S. 25.

[30] Holst. GMinBl. 1854 Nr. 111; Urkundenbuch, S. 51 ff.

[31] Abweichend von dem holsteinischen Entwurf: „Unser Herzogthum Holstein bildet einen selbständigen Theil der unserem Scepter untergebenen Dänischen Monarchie ..." (§ 1 I Entwurf zur Holsteinischen Verfassung; Holst. Ständezeitung 1853, 1. Beilagenheft, Sp. 1), sollte das Herzogtum Schleswig ein „unzertrennliches Zubehör unserer dänischen Krone" sein (§ 1 Satz 1 Entwurf zur Schleswigschen Verfassung; Schl. Ständezeitung 1853/54, 1. Beilagenheft, Sp. 143).

[32] Schl. Ständezeitung 1853/54, 1. Beilagenheft, Sp. 211.

im Herzogtum Holstein kam es jedoch nicht. Die Schleswigsche Ständeversammlung wies in der Abstimmung am 5. Januar 1854 zunächst einen dem Ausschußbericht[33] entsprechenden Antrag, wonach die §§ 1 - 4 vor einer Beratung durch die Stände keine Gesetzeskraft erlangen sollten, mit 23 gegen 18 Stimmen zurück[34]. Anschließend sprach sich die Ständeversammlung mit 27 gegen 14 Stimmen für eine Annahme der §§ 5 - 28 des Entwurfs „in Beziehung auf welchen noch keine Beschlußfassung in Folge gestellter Comiteeanträge vorliege" aus[35].

Die Regierung berücksichtigte wie im Herzogtum Holstein die einzelnen Änderungsvorschläge der Schleswigschen Ständeversammlung jedoch nicht, sondern zwang dem Herzogtum Schleswig am 15. Februar 1854 die geplante Verfassung auf[36].

Da das Herzogtum Lauenburg bereits am 20. Dezember 1853 eine neue Verfassung erhalten hatte[37], blieb als letzte Aufgabe zur Vollendung der Neuorganisierung der dänischen Monarchie die Einführung einer Gesamtstaatsverfassung übrig. Im Gegensatz zu den Einzelverfassungen sollte die Regierung bei der Ausarbeitung und Durchführung dieses Vorhabens jedoch auf größere Widerstände stoßen.

4. Die Gesamtverfassung

Nach Ansicht des konservativen Ministeriums *Ørsted* konnte eine fruchtbare Zusammenarbeit der einzelnen Landesteile innerhalb des Gesamtstaates nicht durch eine wirklich konstituinelle Gesamtverfassung erreicht werden, da diese eine Benachteiligung der Schleswig-Holsteiner fördern und die Spannungen zwischen den beiden Nationalitäten vertiefen würde[38]. Ein Ausgleich war damit nur durch eine in sämtlichen Teilen der Monarchie gleiche absolute Regierungsform mit beratenden Ständen zu erlangen[39]. Dementsprechend er-

---

[33] Schl. Ständezeitung 1853/54, 2. Beilagenheft, Sp. 185.

[34] Schl. Ständezeitung 1853/54, Sp. 857.

[35] Schl. Ständezeitung 1853/54, Sp. 858.

[36] Schl. CS 1854 Nr. 43.

[37] Lauenburgisches Wochenblatt 1854 Nr. 1; Holst. GMinBl. 1854 Nr. 40; *Burchardi*, Gesetze, S. 42 ff.

[38] Vgl. die Motive zu der Verordnung, betreffend die Verfassung der Dänischen Monarchie für deren gemeinschaftliche Angelegenheiten; abgedruckt im Lauenburgischen Wochenblatt 1854, S. 100 ff.

[39] Damit entsprach der Entwurf der Gesamtverfassung der von der Holsteinischen Ständeversammlung bei der Beratung der Holsteinischen Spezialverfassung geäußerten Überzeugung, wonach ein gedeihliches Zusammenleben der beiden Nationalitäten nur in der beschriebenen Form erfolgen konnte (Holst. Ständezeitung 1853, Sp. 987).

hielt der Reichsrat als gemeinsame Vertretung in der geplanten Verfassung nur bei der Bewilligung von Steuern und der Änderung der Verfassung eine beschließende Stimme. In allen übrigen die gemeinschaftlichen Angelegenheiten betreffenden Fällen stand ihm dagegen nur eine beratende Stimme zu. Während von den 50 Mitgliedern des Reichsrates 20 vom König ernannt wurden, sollten vom Reichstag 18 für das Königreich, von den Provinzialständen 5 für das Herzogtum Schleswig und 6 für das Herzogtum Holstein und von der lauenburgischen Ritter- und Landschaft 1 Abgeordneter gewählt werden.

Gegen diesen Entwurf, der von dem Bestreben erfüllt war, auch der deutschen Nationalität im Rahmen des Gesamtstaates gerecht zu werden, regte sich sofort eine starke Opposition[40]. Zwar waren die Provinzialstände der Herzogtümer Schleswig und Holstein durch die ihnen vorgelegten Spezialverfassungen, die alle gemeinschaftlichen Angelegenheiten dem Wirkungskreis der Stände ausdrücklich entzogen, von einer Mitwirkung an diesem Gesetzgebungsvorhaben ausgeschlossen, so daß von der Seite keine Schwierigkeiten zu erwarten waren. In Dänemark selbst war die Opposition dagegen besonders stark, da die geplante Gesamtverfassung eine Beschneidung der in dem dänischen Staatsgrundgesetz vom 5. Juni 1849[41] verbrieften Freiheiten und Rechte mit sich bringen würde.

Aus diesem Grunde war der dänische Reichstag unter Führung von *Monrad, Andrae* und *Hall* nur bereit, der Vorlage zuzustimmen, wenn ihm und dem dänischen Volk in der neuen Gesamtverfassung ein deutliches Übergewicht zugesichert würde. Unter dieser Voraussetzung war der Reichstag einverstanden, eine Beschränkung des dänischen Staatsgrundgesetzes auf die dänischen Angelegenheiten hinzunehmen[42].

Die Regierung war jedoch weder bereit, sich den Forderungen des Reichstages zu beugen, noch glaubte sie, den Erlaß der in Aussicht gestellten Verfassung weiter hinauszögern zu dürfen. Deshalb wurde am 26. Juli 1854 ohne die Zustimmung des Reichstages die Verordnung, betreffend die Verfassung der Dänischen Monarchie für deren gemeinschaftliche Angelegenheiten, verkündet[43].

Die im Reichstag dominierende eiderdänische Partei, die durch die öffentliche Meinung in Dänemark unterstützt wurde, gab die Opposition gegen diese Verfassung allerdings nicht auf. Daraufhin ent-

---

40 *Brandt / Klüver*, S. 257.

41 Text bei *Rauch*, 5. Lfg., S. 250 ff.

42 *Jansen / Samwer*, S. 27 f.

43 Holst. GMinBl. 1854 Nr. 139; Schl. CS 1854 Nr. 142; Lauenburgisches Wochenblatt 1854 Nr. 24.

ließ der König, der diesem Druck nicht gewachsen war, nach einigem Zögern am 3. Dezember 1854 das Ministerium Ørsted[44].

In das am 12. Dezember 1854[45] neu eingesetzte Kabinett, das unter der Leitung des eiderländisch gesinnten Politikers *Peter Georg Bang* stand, wurde neben den führenden Gegnern der Gesamtverfassung vom 26. Juli 1854 *Andrae* und *Hall* auch der Holsteiner *Ludwig Nicolaus von Scheele* als Minister für auswärtige Angelegenheiten und als Minister für die Herzogentümer Holstein und Lauenburg aufgenommen. Dieses sog. Dezember-Ministerium legte nach kurzer Zeit den Entwurf einer neuen Gesamtstaatsverfassung vor. Danach wurde die gesetzgebende Gewalt in allen gemeinsamen Angelegenheiten dem König und dem Reichsrat übertragen (§ 21). Von den nunmehr 80 Mitgliedern des Reichsrates wurden 20 vom König ernannt und 60 teils von den Repräsentativorganen der einzelnen Landesteile, teils unmittelbar vom Volk gewählt (§§ 24 - 28). Die so vorgeschriebene Besetzung des Reichsrates hatte zur Folge, daß 47 Mitglieder allein auf das Königreich Dänemark entfallen mußten. Damit hatten die Dänen im Reichsrat, der die Verwaltung der Domänen überwachte (§ 50) und das Normalbudget bewilligte (§ 52), eine deutliche Mehrheit erlangt.

Dieser Gesetzesvorlage stimmten sowohl der Reichsrat als auch der dänische Reichstag nach stürmischen Debatten zu, wobei letzterer ausdrücklich die Beschränkung dieses Grundgesetzes auf Dänemark anerkannte[46]. Am 2. Oktober 1855 trat dann die zweite Gesamtstaatsverfassung, ohne den Ständeversammlungen der Herzogtümer Schleswig und Holstein zur Beratung vorgelegt worden zu sein, in Kraft[47]. Damit war ein Hauptabschnitt in der Neuorganisierung des Verfassungsgefüges der dänischen Monarchie erreicht.

Im Gegensatz zu den Dänen, die in ihrer überwiegenden Mehrheit mit der neuen Gesamtstaatsverfassung zufrieden waren, sahen die Schleswig-Holsteiner in ihr einen offenen Bruch mit der Bekanntmachung vom 28. Januar 1852. Entgegen den dort gemachten Zusagen konnte die dänische Mehrheit im Reichsrat auf Grund der diesem Organ zustehenden Gesetzgebungs- und Finanzkompetenzen in einem ordnungsgemäßen gesetzlichen Verfahren weitreichende Entscheidungen in den nordelbischen Herzogtümern treffen. Damit war die Gleichberechtigung der einzelnen Landesteile in dem dänischen Gesamtstaat

---

[44] Statsraadets Forhandlinger, Bd. VI, S. 167 f.; *Neergaard,* Under Junigrundloven, Bd. 1, S. 968 ff.

[45] Statsraadets Forhandlinger, Bd. VI, S. 171 ff.

[46] *Francke,* Die Herzogtümer Juli 1856, S. 15 ff.

[47] Holst. GMinBl. 1855 Nr. 142; Schl. CS Nr. 100; Lauenburgisches Wochenblatt 1855 Nr. 16; Urkundenbuch, S. 59 ff.

nicht mehr gegeben[48]. Die dänische Regierung hatte den Herzogtümern gezeigt, daß sie nicht bereit war, den Weg des Ausgleichs und der Verständigung zu gehen.

Nach Ansicht der Holsteiner kam diese Unterdrückungspolitik nicht nur in der neuen Gesamtstaatsfassung, sondern vor allen Dingen in verschiedenen von dem Minister für die Herzogtümer Holstein und Lauenburg Ludwig Nicolaus von Scheele erlassenen Maßregeln, auf die später im einzelnen einzugehen sein wird, zum Ausdruck. Deshalb richtete sich die nun in den Herzogtümern Holstein und Lauenburg langsam wieder erwachende Opposition auch zunächst unmittelbar gegen diesen Minister. Sie führte im Jahre 1856 zu einer Beschwerde an den König (§ 17 Holsteinische Verfassung) und außerdem zu einer Anklage des Ministers vor dem Holstein-Lauenburgischen Oberappellationsgericht[49] (§ 14 Holsteinische Verfassung). Bevor diese Verfahren im einzelnen untersucht werden, soll jedoch das Prinzip der Ministerverantwortlichkeit von der Entstehung bis zu seiner vollen Ausprägung im konstitutionellen Staat dargestellt werden.

---

[48] *Huber*, Verfassungsgeschichte III, S. 451; *Jansen / Samwer*, S. 30; die Ansicht *Raasløffs* (S. 30), das Ministerium *Bang* habe, wenn auch auf einem anderen Weg, nämlich durch Erlaß einer „eigentlich" konstitutionellen Verfassung, eine Gleichberechtigung zwischen den einzelnen Landesteilen zu erlangen versucht, wird durch die Verfassung selbst widerlegt und ist deshalb abzulehnen.

[49] Das durch die Verordnung, betr. die Einrichtung eines Oberappellationsgerichts und einer gemeinschaftlichen Provinzialregierung, für die Herzogtümer Schleswig und Holstein, vom 15. Mai 1834 (CS 1834 Nr. 61) eingerichtete Schleswig-Holstein-Lauenburgische Oberappellationsgericht wurde zunächst letzte Instanz in allen drei Herzogtümern (§ 1). Diese Kompetenz des Oberappellationsgerichts wurde, nachdem sie bereits durch eine Verfügung des außerordentlichen Regierungskommissars für das Herzogtum Schleswig vom 29. Juli 1850 für dieses Herzogtum vorläufig aufgehoben worden war (Holst. Ständezeitung 1853, 1. Beilagenheft, Sp. 67), jedoch gegen das Votum der siebenten Holsteinischen Provinzialständeversammlung (Holst. Ständezeitung 1853, Sp. 732) durch die Verfügung vom 11. Februar 1854 (Holst. GMinBl. 1854 Nr. 19) endgültig auf die Herzogtümer Holstein und Lauenburg beschränkt.

Zweiter Teil

Die Ministerverantwortlichkeit im konstitutionellen Staat

I. Die allgemeine geschichtliche Entwicklung

Die Geschichte der Ministerverantwortlichkeit im engeren oder technischen Sinne beginnt erst mit der Entstehung des konstitutionellen Staates[1]. Ihre Ursprünge reichen allerdings bis in den absoluten und den ständischen Staat zurück[2], obwohl es in jenen Staaten noch keine Minister wie im konstitutionellen Staat gab. Man nahm bei der Entwicklung des konstitutionellen Ministeramts die Ämter der höchsten Würdenträger des vorkonstitutionellen Staates jedoch als Vorbild. Hierbei flossen auch einige Grundsätze, die die Verantwortlichkeit der damaligen hohen Staatsbeamten betrafen, in die Schöpfung des Instituts der Ministerverantwortlichkeit ein. Die Entwicklung verlief recht unterschiedlich.

1. Die Entwicklung in den vorkonstitutionellen deutschen Territorien

Wenn die Rechte des Kaisers auch im Laufe der Jahrhunderte immer mehr zugunsten der einzelnen Landesherren eingeschränkt wurden, so ist ihm bis zur Auflösung des Heiligen Römischen Reiches Deutscher Nation im Jahre 1806 mit seinen Reichsgerichten doch eine Instanz geblieben, vor der die Landesherren zur Rechenschaft und Verantwortung gezogen werden konnten. Die Privilegien der Landstände in den verschiedenen Territorien waren wie die landeshoheitlichen Rechte zwar nach ihrem Inhalt und Umfang sehr unterschiedlich ausgestaltet. Im Rahmen ihrer Befugnisse stand den Landständen jedoch in jedem Fall das reichsgrundgesetzlich anerkannte Recht zu, vor den Reichsgerichten Klage zu erheben[3]. Als Grund für eine derartige Klage hatten die Stände eine rechtswidrige Überschreitung der landesherrlichen Regierungsgewalt, die zu einer Verletzung der ständischen Rechte geführt hatte, anzugeben.

Die Verletzung der ständischen Privilegien konnte einmal vom Landesherrn selbst, zum anderen von seinen Beamten begangen wer-

[1] *Frisch*, S. 39; *Hauke*, S. 36; *Passow*, S. 7; *Schambeck*, S. 18.

[2] *Marschall von Bieberstein*, S. 522; *Dallinger*, S. 8.

[3] *Pistorius*, S. 8.

den. Während im erstgenannten Fall die Klage gegen den Landesherrn nach einem vorangegangenen Vergleichsverfahren unmittelbar zur Klage vor den Reichsgerichten führte, mußten sich die Stände bei einer Beschwerde gegen einen Minister oder einen sonstigen Beamten zunächst an den Landesherrn wenden und von diesem eine Bestrafung des Betroffenen verlangen. Eine Klage vor den Reichsgerichten kam erst nach Ablehnung des ständischen Antrags durch den Landesherrn in Betracht. Die dann erhobene Klage richtete sich aber nicht gegen den jeweiligen Minister oder Beamten, der die Verletzung der Ständeprivilegien begangen haben sollte, sondern gegen den Landesherrn selbst. Dieser hatte nämlich dadurch, daß er der Beschwerde gegen seinen Beamten nicht statt gab, die Verantwortung für dessen Handeln übernommen.

Das dargestellte Verfahren wurde mit der Zeit zu einem festen Bestandteil des deutschen Staatsrechts und die Befugnis der Stände, über die höchsten Staatsbeamten bei dem Landesherrn Beschwerde zu führen, fand teilweise ausdrücklich Anerkennung[4].

Mit dem Institut der Ministerverantwortlichkeit im konstitutionellen Staat haben die ständischen Privilegien jedoch nur wenig Ähnlichkeit, denn sie unterscheiden nicht zwischen der Verantwortlichkeit, die alle Beamten trifft, und derjenigen, die erst durch die besondere Rechtsstellung des Ministers im Staate begründet wird[5]. Vor allem waren nicht nur die Fürsten, sondern wenigstens theoretisch auch der Kaiser, der in weltlichen Dingen der Gerichtsbarkeit des Pfalzgrafen bei Rhein und in geistlichen Angelegenheiten der des Papstes unterlag, selbst verantwortlich[6]. Ein wesentliches Merkmal des konstitutionellen Staates ist aber die Unverantwortlichkeit des Monarchen, denn erst sie bedingt eine verantwortliche Stellung des Ministers. Dieser ist vielmehr nur seinem „Dienstherrn" verantwortlich. So finden sich in den vorkonstitutionellen deutschen Territorien kaum Ansätze für eine weitreichende Ministerverantwortlichkeit. Sie ist in Deutschland — wie die konstitutionelle Monarchie überhaupt — vielmehr zum größten Teil aus englischen und französischen Vorbildern entwickelt worden[7].

2. Die Entwicklung in England

In der englischen Monarchie setzte sich bereits im 12. Jahrhundert eine Verantwortlichkeit der Räte des Königs gegenüber dem Parla-

---

[4] *Bischof*, S. 30; *Pölitz*, Bd. 1, S. 912; *Reyscher*, Bd. 2, S. 247, 449, 553.

[5] *Maurer*, S. 13; *Pistorius*, S. 11.

[6] *Bischof*, S. 27 ff.; *Bluntschli*, Bd. 2, S. 72 ff.; *Frisch*, S. 108 ff.; *Passow*, S. 6 f.; *Zachariä*, S. 306 ff.

[7] *Dallinger*, S. 7; *Pistorius*, S. 12.

ment durch. Diese Veranwortlichkeit ging aus der Befugnis der Commons, hohe Staatsbeamte durch Petitionen oder Beschwerden vor dem König im Großen Rat zur Verantwortung ziehen zu können, hervor. Im Laufe der Zeit wandelte sich das Beschwerderecht dann durch ständige energische Handhabung nach und nach in eine formelle Anklage gegen die königlichen Räte und Beamten, das sog. *impeachment*, um[8].

In dem Verfahren vertrat das Unterhaus die Anklage und das Oberhaus fällte zunächst mit dem König, später dann allein, das Urteil. Die erste Anklage im formellen Verfahren fand im Jahre 1376 statt und richtete sich gegen mehrere Lords[9]. In den folgenden Jahrhunderten wurden in England weitaus mehr Staatsanklagen als in allen anderen Staaten erhoben[10].

Obwohl das Oberhaus bei einem impeachment die Funktion eines Gerichts übernahm und die Entscheidung zu treffen hatte, handelt es sich immer um eine Klage mit eindeutig strafrechtlichem Charakter. Der hierin liegende scheinbare Widerspruch findet seine Erklärung in der Tatsache, daß das Oberhaus von jeher gemeinschaftlich mit dem König die Gerichtsbarkeit ausgeübt hat[11]. Die vom Oberhaus auszusprechende Strafe ist deshalb auch eine *reine Kriminalstrafe*. Der Strafrahmen erstreckte sich von der Todesstrafe über Gefängnis, Geldstrafe und Verbannung bis zur dauernden Amtsenthebung[12].

Der rein strafrechtliche Charakter des impeachments zeigt sich besonders darin, daß die Anklage nicht allein auf eine Verfassungsverletzung gestützt werden konnte. Grundlage der Ministeranklage mußte vielmehr immer ein nach dem Common Law mit Strafe bedrohtes Verbrechen sein. Ein solches Verbrechen lag jedoch in vielen Fällen, in denen das Unterhaus das Vorgehen gegen einen mißliebigen Minister aus rein politischen Gründen für angebracht hielt, nicht vor. Diesem Umstand versuchte das Parlament zunächst damit zu begegnen, daß es den Begriff des Hochverrats sehr weit auslegte. Als man im Falle der Anklage gegen den Grafen *Stafford* im Jahre 1641 trotz dieser weiten Auslegung nicht zur Annahme eines Hochverrats kommen konnte, erklärt das Parlament einfach bestimmte Handlungen des Angeklagten, die weder hochverräterischen noch gesetzwidrigen Charakter

---

[8] *Dallinger*, S. 8; *Frisch*, S. 43.

[9] *Frisch*, S. 45; *Gundlach*, S. 5; *Hatschek*, S. 532; *Krieghoff*, S. 24; *Würdemann*, S. 11.

[10] *Frisch*, S. 43; *Mohl* (S. 604 ff.) gibt eine ausführliche Schilderung der verschiedenen Staatsanklagen.

[11] *Hatschek*, S. 531; *Mohl*, S. 599; *Marschall von Bieberstein*, S. 522; *Pistorius*, S. 13 f.

[12] *Gneist*, 2. Aufl., Bd. 1, S. 706; *Wolfram*, S. 9.

hatten, als Hochverrat (sog. *constructive treason*)[13]. Doch schon unter den *Tudors* ging das Parlament, das bei Staatsanklagen für sich eine unbegrenzte diskretionäre Gewalt in Anspruch nahm, noch weiter und erließ sogar mehrfach für einzelne Personen besondere Gesetze, in denen bestimmte Taten der Angeklagten zu Verbrechen erklärt wurden (sog. *bills of attainder*).

Im Verfahren gegen den Lord-Schatzmeister *Danby* im Jahre 1678 wurde dann erstmals der im heutigen englischen Staatsrecht allgemein anerkannte Grundsatz, wonach ein Minister nicht nur für die Gesetzmäßigkeit, sondern darüberhinaus auch für die Zweckmäßigkeit — für honesty, justice and utility — seiner Handlungen die Verantwortung trage, aufgestellt[14].

Diese Erweiterung der Anklage hat dazu geführt, daß in der Praxis an die Stelle der rein juristischen die politische Ministerverantwortlichkeit getreten ist[15]. Eine Veränderung des strafrechtlichen Charakters des impeachments ist hierdurch jedoch nicht erfolgt[16].

Dem impeachment waren nicht nur Minister, sondern alle Beamten ausgesetzt. Da aber die Handlungen der unteren Beamten durch die Befehle ihrer Vorgesetzten gedeckt waren, hatten die Staatsanklagen praktisch nur für die höchsten Beamten Bedeutung. Als Ratgeber des Königs nahmen die Beamten eine besondere Stellung ein. Sie mußten nämlich für ihre Handlungen und den Rat, den sie dem König erteilten, die Verantwortung tragen, da der Monarch wegen des Grundsatzes *„the king can do no wrong"* nicht verfolgt werden konnte. Aus diesem Grunde entwickelte sich in England de facto doch eine besondere Ministerverantwortlichkeit[17]. Obwohl sich das englische impeachment gegen alle Beamten richten kann, wird es deshalb als eigentliche Anklage gegen Minister angesehen[18].

3. Die Entwicklung in Frankreich

Die Anfänge der Ministerverantwortlichkeit sind in Frankreich eng mit der Geschichte des Siegels, dessen Aufbewahrung die älteste und

[13] *Berger*, S. 30 ff.; *Frisch*, S. 46; *Mohl*, S. 638 ff.

[14] *Berger*, S. 43 ff.; *Gneist*, 3. Aufl., Bd. 1, S. 58, 438; Bd. 2, S. 469.

[15] *Dallinger*, S. 10; *Gneist*, 2. Aufl., Bd. 1, S. 710.

[16] *Pistorius*, S. 13.

[17] *Dallinger*, S. 9 f.; *Pistorius*, S. 14; a. A. wohl *Frisch* (S. 47), der die Entwicklung einer „speziellen Ministerverantwortlichkeit" in England verneint, weil der Begriff des konstitutionellen Ministers dem englischen Staatsrecht fremd sei.

[18] Das englische impeachment wurde von den Vereinigten Staaten von Nordamerika übernommen. Es erfuhr allerdings erhebliche Veränderungen, deren Darstellung jedoch den Rahmen der Arbeit überschreiten würde; vgl. hierzu *Freund*, S. 167 ff.; *Holst*, S. 86 ff. und zuletzt *Berger*, S. 53 ff.

wichtigste Aufgabe des französischen Kanzlers war, verbunden[19]. Aus der Aufbewahrungspflicht ergab sich zugleich die einflußreiche Stellung des Kanzlers, denn alle Anordnungen des Königs gingen durch seine Hand, da ihnen als Zeichen der Souveränität das königliche Siegel beigefügt werden mußte. Mit der Siegelung übernahm der Kanzler außer in den Fällen, in denen er nach erfolgloser Gegenvorstellung auf ausdrücklichen Befehl des Königs eine Verfügung siegelte, auch die Verantwortung für die Recht- und Zweckmäßigkeit des Gesetzes[20]. Eine Verantwortlichkeit des Kanzlers bestand allerdings nur gegenüber dem König[21].

Durch diese Aufgabenteilung bei der Gesetzgebung zwischen König und Kanzler entwickelte sich bereits im mittelalterlichen Frankreich eine Verbindung zwischen der Idee der Verantwortlichkeit und der Siegelung bzw. der Gegenzeichnung. Diese Verantwortlichkeit spielte in der Praxis zwar keine Rolle, weil zu ihrer Überprüfung weder ein Kläger nach ein Gericht vorhanden waren. Der Gedanke, daß der siegelnde Beamte für die Recht- und Zweckmäßigkeit des betreffenden Gesetzes verantwortlich sei, ist jedoch bestehen geblieben[22]. Er hat später bei der Entwicklung des Instituts der Ministerverantwortlichkeit zusammen mit dem Prinzip der Unverantwortlichkeit des Souveräns eine bedeutende Rolle gespielt.

Den entscheidenden Schritt zur Ministerverantwortlichkeit im engeren Sinne brachte dann die französische Revolution von 1789. Bereits in den Verhandlungen der *Assemblée nationale* wurden die Grundsätze der modernen Ministerverantwortlichkeit klar umrissen[23]. Gesetzlich fixiert wurden sie dann in der Verfassung vom 3. September 1971[24].

In dem Abschnitt *„Des ministres“* wurde festgelegt, daß königliche Befehle nur dann ausgeführt werden sollten, wenn sie vom Souverän unterzeichnet und von dem Minister oder dem Departementschef kontrasigniert waren[25]. Durch die Gegenzeichnung übernahmen die Minister die persönliche Verantwortung für die jeweiligen Gesetze. Für alle Verstöße gegen die nationale Sicherheit und die Verfassung, für eine Verletzung der persönlichen Freiheit und des Eigentums der einzelnen sowie für die Verschwendung der ihnen anvertrauten Gel-

---

19 *Frisch*, S. 40; *Schambeck*, S. 17.

20 *Dallinger*, S. 12; *Frisch*, S. 42.

21 *Frisch*, S. 41.

22 *Frisch*, S. 43.

23 *Dallinger*, S. 13; *Frisch*, S. 55 f.

24 Originaltext bei *Altmann*, Nr. 6 (S. 58 ff.); *Bernheim*, Nr. 1 (S. 1 ff.); Übersetzung bei *Pölitz*, Bd. 2, Nr. 1 a (S. 2 ff.).

25 Titre III, Chapitre II, Section 4, Art. 4.

der konnten sie zur Rechenschaft gezogen werden[26]. Eine Befreiung von der Verantwortung war in keinem Fall möglich[27]. Mit der obligatorischen Kontrasignierung und der daraus resultierenden Verantwortlichkeit der Minister wurde der Tatsache, daß die Person des Königs unverantwortlich war[28], Rechnung getragen.

Das Recht, die Minister anzuklagen, stand dem Parlament zu. Das Urteil fällte der *„haute-cour nationale"*, der aus Mitgliedern des Kassationstribunals und Geschworenen bestand und nur auf Anordnung des Parlaments zusammentrat[29].

Die Verfassung vom 3. September 1791 hatte folglich eine rechtliche Ministerverantwortlichkeit festgelegt, die die besondere Stellung dieser Personengruppe berücksichtigte. Obwohl mit diesem Institut das Ziel verfolgt wurde, die Verfassung und deren Einrichtungen zu schützen und zu erhalten, war es noch wie das englische impeachment *rein strafrechtlich* gestaltet[30]. Erst die Verfassung vom 13. Dezember 1799[31] wies die von Ministern begangenen gemeinen Verbrechen ausdrücklich den gewöhnlichen Gerichten zu[32] und machte damit den Unterschied zwischen der Ministerverantwortlichkeit und der Anklage wegen gemeiner Verbrechen deutlich.

Entgegen der vielfach vertretenen Ansicht[33] ist es jedoch nicht die französische Verfassung vom 3. September 1791, die die Grundsätze der modernen Ministerverantwortlichkeit zum ersten Mal festlegt. Dies ist nämlich bereits vier Monate früher in der *polnischen Verfassung* vom 3. Mai 1791[34] geschehen[35].

Im 7. Abschnitt dieser Verfassungsurkunde („Der König, die vollziehende Gewalt") ist zum einen die obligatorische Kontrasignatur enthalten, zum anderen sind die Minister wegen der Übertretung der Gesetze mit ihrer Person und ihrem Vermögen verantwortlich. Für

---

[26] Titre III, Chapitre II, Section 4, Art. 5.

[27] Titre III, Chapitre II, Section 4, Art. 6.

[28] Titre III, Chapitre II, Section 1, Art. 2.

[29] Titre III, Chapitre V, Art. XXIII.

[30] *Dallinger*, S. 13; *Pistorius*, S. 18.

[31] Originaltext bei *Altmann*, Nr. 9 (S. 129 ff.); Übersetzung bei *Pölitz*, Bd. 2, Nr. 1 d (S. 58 ff.).

[32] Titre VI, Art. 70, 71; eine Verfolgung der Minister durfte allerdings erst nach vorausgegangener Genehmigung durch den Staatsrat beginnen.

[33] *Dallinger*, S. 13; *Frisch*, S. 57; *Pistorius*, S. 17; *Schambeck*, S. 18; *Wolfram*, S. 10.

[34] Übersetzung bei *Pölitz*, Bd. 3, Nr. 1 b (S. 8 ff.).

[35] Zur Stellung dieser Verfassungsurkunde in der europäischen Verfassungsentwicklung siehe *von Unruh*, Der Staat 1974, 185 ff.; siehe auch *Buddeus*, S. 144 ff.; *Wippermann*, S. 19.

die Klageerhebung vor dem Reichstagsgericht ist, nachdem ein „Deputation" genannter Parlamentsausschuß die Handlungen der Minister überprüft hat, die „simple Stimmenmehrheit der vereinigten Stuben" erforderlich. Der Minister ist schließlich, wenn er eine Gesetzesverletzung begangen hat, vom Reichstagsgericht zu einer „angemessenen" Strafe zu verurteilen[36]. Damit enthält die polnische Verfassung vom 3. Mai 1791 alle Merkmale der modernen Ministerantwortlichkeit.

In der napoleonischen Ära trat die Ministerverantwortlichkeit dadurch, daß eine Verantwortlichkeit praktisch nur gegenüber dem Kaiser selbst bestand, in den Hintergrund. Erst durch die *Charte constitionelle* vom 4. Juni 1814[37] gewann sie wieder an Bedeutung. Die Ministerklage, die von der Deputiertenkammer erhoben und von der Pairskammer entschieden werden mußte (Art. 55), war nun auf *„de trahison ou de concussion"* (Art. 56 Satz 1) beschränkt. Die erste Ministeranklage erlebte Frankreich im Jahre 1830. In diesem Prozeß wurden die letzten Minister *Karl X.* wegen der von ihnen gebilligten berüchtigten Ordonanzen vom 25. Juli 1830 angeklagt[38].

Die Charte constitutionelle vom 14. August 1830[39] übernahm zwar den Art. 55 der Verfassung von 1814 ohne Änderung (vgl. Art. 47), enthielt jedoch keine dem Art. 56 jener Verfassung entsprechende Vorschrift. Dafür wurde in Art. 69 Nr. 2 angeordnet, daß für die Verantwortlichkeit der Minister und der übrigen Staatsbeamten ein besonderes Gesetz zu erlassen sei. Dem Verfassungsbefehl folgend wurden in den nächsten Jahren mehrere Gesetzentwürfe ausgearbeitet und in der Kammer verhandelt[40]. Allerdings erhielt kein Entwurf Gesetzeskraft.

Obwohl die Verfassungen von 1814 und 1830 die strafrechtliche Komponente der Ministerverantwortlichkeit wieder stärker hervorhoben, ließen die Verhandlungen, in denen die Abgeordneten sich mit den Entwürfen zur Verantwortlichkeit der Minister beschäftigten, erkennen, daß die Ministeranklage „eher eine politische als eine ordentliche Criminalsache sey"[41].

---

[36] *von Unruh,* Der Staat 1974, 185 (197).

[37] Originaltext bei *Altmann,* Nr. 14 (S. 217 ff.); *Bernheim,* Nr. 3 (S. 52 ff.); Übersetzung bei *Pölitz,* Bd. 2, Nr. 1 h (S. 89 ff.).

[38] Text bei *Pölitz,* Bd. 2, Nr. 1 l, m, n, o (S. 103 ff.); vgl. hierzu *Buddeus,* S. 118 ff.; *Mohl,* S. 705 ff.

[39] Originaltext bei *Altmann,* Nr. 15 (S. 224 ff.); *Bernheim,* Nr. 4 (S. 60 ff.); Übersetzung bei *Pölitz,* Bd. 2, Nr. 1 s (S. 112 ff.).

[40] Vgl. hierzu *Rauter* KrZ 7 (1835), 99 ff.; 8 (1836), 199 ff.; 9 (1837), 210 ff., der die einzelnen Gesetzesentwürfe ausführlich dargestellt und analysiert hat.

[41] *Rauter,* KrZ 8 (1836), 214.

Im Gegensatz zu den späteren französischen Verfassungen haben besonders die Verfassung vom 14. August 1830 und die ausführlichen Kammerverhandlungen über die verschiedenen Gesetzentwürfe zur Ministerverantwortlichkeit die Entwicklung des deutschen Rechts stark beeinflußt[42].

4. Die Entwicklung in Deutschland im 19. Jahrhundert

In Deutschland waren die alten Einrichtungen der Staaten nicht wie in Frankreich durch eine Revolution zerstört worden. Die Auflösung des Reichsverbandes und die Kriege Napoleons hatten die politischen Verhältnisse jedoch in den deutschen Staaten zu Beginn des 19. Jahrhunderts stark verändert. Unter dem Eindruck dieser Umgestaltungen wurde die Notwendigkeit anerkannt, die alten Territorien durch die Einführung von Repräsentativverfassungen in konstitutionelle Staaten umzuwandeln. Mit den Verfassungen fand das Institut der Ministerverantwortlichkeit und damit auch die Ministeranklage als ein wesentliches Merkmal einer modernen Konstitution Eingang in Deutschland[43].

Die Ausgestaltung der Ministerverantwortlichkeit erfolgte in den einzelnen Bundesstaaten allerdings in äußerst unterschiedlicher Form. Dies lag einmal daran, daß weder die „konstitutionelle Monarchie" ein einheitlich feststehendes Prinzip darstellte, noch die staatsrechtlichen Zustände in den einzelnen deutschen Territorien bei der Einführung repräsentativer Verfassungen gleich geartet waren. Zum anderen erklärt sich die unterschiedliche Ausbildung der Ministerverantwortlichkeit damit, daß mit ihr verschiedene Zwecke verfolgt wurden[44].

Als erster Einzelstaat erhielt das Königreich *Westfalen* am 15. November 1807 eine Verfassung[45]. Hierin waren die Grundsätze der Ministerverantwortlichkeit noch nicht aufgenommen, denn es wurde keine Verantwortlichkeit der Minister gegenüber den Ständen, sondern nur gegenüber dem König aufgestellt (Art. 20)[46]. Auch die übrigen Verfassungen der Rheinbundzeit enthielten das Institut der Ministerverantwortlichkeit nicht, da sie ebenfalls nur die selbstverständliche politische Verantwortlichkeit der Minister gegenüber dem Souverän proklamierten[47].

---

[42] *Dallinger*, S. 14; *Pistorius*, S. 19 f. Auf eine Darstellung der weiteren Geschichte der Ministerverantwortlichkeit in Frankreich kann hier verzichtet werden; eingehend *Dallinger*, S. 15 ff.; *Frisch*, S. 59 ff.

[43] Vgl. *Maurer*, S. 18 ff.

[44] *Pistorius*, S. 21 ff.

[45] Text bei *Pölitz*, Bd. 1, 1. Abt., Nr. 2 A a (S. 38 ff.).

[46] *Buddeus*, S. 153 f.; *Dallinger*, S. 19; *Pistorius*, S. 28; a. A. *Frisch*, S. 62; *Schambeck*, S. 18.

Auf dem *Wiener Kongreß*, der ein Bedürfnis nach Einführung repräsentativer Verfassungen anerkannte[48], wurde die Aufnahme eines Minimums von Rechten angestrebt, die den Volksvertretungen der einzelnen Bundesstaaten eingeräumt werden sollten. Hierzu sollte u. a. auch das Recht zur Beschwerdeführung, insbesondere in Fällen der „Malversation der Staatsdiener" gehören[49]. Diese Beschränkung der Rechte der Volksvertretung führte dazu, daß mehrere nach Abschluß des Wiener Kongresses erlassene Verfassungen das Institut der Ministerverantwortlichkeit im engeren Sinne noch nicht enthielten[50].

Als erster Bundesstaat nahm dann *Sachsen-Weimar-Eisenach* die moderne Ministerverantwortlichkeit in die Verfassung vom 5. Mai 1816 auf[51]. Nach § 5 dieser Konstitution hatten die Landstände das Recht, gegen die Minister und andere Staatsbehörden bei dem Fürsten Beschwerde einzulegen oder eine förmliche Klage zu erheben. Über die Klagen, die u. a. wegen „Bestechlichkeit, absichtlich verweigerter oder verzögerter Rechtspflege, absichtlicher Verzögerung in der Verwaltung oder anderer willkürlicher Eingriffe in die Verfassung oder in die gesetzliche Freiheit, die Ehre und das Eigentum der Staatsbürger" (§ 113) eingereicht werden konnten, entschied das Oberappellationsgericht zu Jena (§ 115). Mit dieser Verfassung war den Landständen zum ersten Mal die Möglichkeit gegeben, die Minister für ihre Handlungen vor einem Gericht zur Rechenschaft zu ziehen[52].

Bis zur Julirevolution des Jahres 1830 wurden noch in mehreren Bundesstaaten Verfassungen mit ähnlichem Inhalt erlassen[53]. Aus allen geht das Bestreben hervor, mit der Ministerverantwortlichkeit einen Schutz der Verfassung gegen Eingriffe von seiten der Regierung zu schaffen. In dieser Periode wurden die straf- und die staatsrechtliche Verantwortlichkeit der Minister noch nicht auseinandergehalten. Neben der Verfassungsverletzung waren häufig auch bestimmte gemeine Verbrechen Gegenstand der Ministerklage[54].

---

[47] Vgl. 3. Tit. § 1 der Bayerischen Verfassung vom 1. Mai 1808 (Bay. RegBl. 1808, 985 ff.); § 17 der Verfassung des Großherzogtums Frankfurt vom 16. Oktober 1810 (Text bei *Pölitz*, Bd. 1, 1. Abt., Nr. 2 B a — S. 45 ff. —); Art. 7 der Organisation des Herzogtums Anhalt-Köthen vom 19. Februar 1811 (Text bei *Pölitz*, Bd. 1, 2. Abt., Nr. 24 b — S. 1058 ff. —).

[48] *Klüber*, Übersicht, S. 201 ff.; vgl. auch *Putzrath*, S. 9.

[49] Vgl. die Noten der bevollmächtigten Abgeordneten von 29 souveränen deutschen Fürsten und Städten vom 16. November 1814 und der großherzoglichen badischen Bevollmächtigten vom 1. Dezember 1814 an den Wiener Kongreß (Text bei *Klüber*, Acten, Bd. 1, 1. Heft, S. 74, 100).

[50] Vgl. hierzu *Pistorius*, S. 29 ff.

[51] Text bei *Pölitz*, Bd. 1, 2. Abt., Nr. 14 c (S. 758 ff.).

[52] Vgl. hierzu *Putzrath*, S. 13 f.

[53] Vgl. hierzu *Frisch*, S. 64 ff.; *Pistorius*, S. 36 - 67.

[54] *Dallinger*, S. 19; *Pistorius*, S. 27.

In der Zeit von 1830 bis 1848 traten keine großen Veränderungen ein. Die Verfassungen dieser Periode trennten ebenfalls noch nicht zwischen straf- und staatsrechtlicher Ministerverantwortlichkeit. Die Tatsache, daß die Staatsgerichtshöfe neben dem Recht, Kriminalstrafen zu verhängen, im Falle einer reinen Verfassungsverletzung die Möglichkeit erhielten, als Rechtsfolge die Entfernung aus dem Amt auszusprechen, zeigte allerdings, daß sich diejenigen Vorstellungen, die die Ministerverantwortlichkeit nicht mehr nur als eine strafrechtliche Verantwortlichkeit ansahen, langsam im Vordringen befanden.

Nach der Julirevolution erhielt das Kurfürstentum *Hessen* als erster Bundesstaat am 5. Januar 1831 eine Verfassung[55] und trat damit in die Reihe der konstitutionellen Staaten ein. Die Ministeranklage war auf Verfassungsverletzungen begrenzt und hatte unabhängig davon, ob die begangene Verfassungsverletzung zugleich ein gemeines Verbrechen beinhaltete, die Entfernung aus dem Dienst zur Folge (§ 100 Satz 2). Im Gegensatz zu allen anderen Verfassungen waren die Landstände zur Einreichung der Ministeranklage nicht nur berechtigt, sondern auch verpflichtet (§ 100 Satz 1). Von dieser Pflicht machten die hessischen Landstände durch wiederholte Anklagen gegen den Minister *Hassenflug* und in einem Fall gegen den Minister *Hanstein* — allerdings ohne Erfolg — Gebrauch[56].

Mit den Ereignissen des Jahres 1848 trat die Ministerverantwortlichkeit in ein neues Stadium. Es wurde nunmehr klar zwischen einer allgemeinen strafrechtlichen Verantwortlichkeit, die alle Staatsbürger traf, und einer staatsrechtlichen Ministerverantwortlichkeit unterschieden. Diese behielt allerdings kriminalrechtliche Züge und stellte deshalb lediglich eine besondere strafrechtliche Verantwortlichkeit der Minister dar, die bei dieser Personengruppe zu der allgemeinen strafrechtlichen Verantwortlichkeit hinzutrat. In dieser Entwicklung wurde der Einfluß der französischen Verfassung vom 14. August 1830[57] und der damit verbundenen Gesetzentwürfe deutlich[58].

---

[55] Text bei *Pölitz*, Bd. 1, 1. Abt., Nr. 10 h (S. 613 ff.).

[56] Vgl. hierzu *Huber*, Verfassungsgeschichte II, S. 72 ff.; *Mohl*, S. 714 ff.; *Pistorius*, S. 72 ff.; *Thudichum*, Annalen des Deutschen Reichs 1885, 637 (660 f.). Eine Darstellung der einzelnen Verfassungen aus der Zeit von 1830 bis 1848 geben *Frisch* (S. 69 ff.) und *Pistorius* (S. 69 - 87).

[57] Vgl. oben 2. Teil I 2 a. E.

[58] *Dallinger*, S. 20; *Pistorius*, S. 27. Eine Darstellung der einzelnen Verfassungen aus der Zeit nach 1848 geben *Frisch* (S. 73 - 83) und *Pistorius* (S. 87 - 142).

II. Die Entwicklung im Herzogtum Holstein bis 1854

Dänemark war im Mittelalter ein Wahlkönigreich, in dem der Monarch die Macht mit dem im Reichsrat teilweise sehr einflußreichen Adel teilen mußte. Eine Veränderung trat dann mit dem Erlaß des sog. Königsgesetzes, der *„Lex Regia"*, im Jahre 1665 ein. Durch dieses Gesetz wurde die Monarchie erblich. Außerdem übertrug es dem König die absolute Alleinherrschaft. Obwohl das Königsgesetz in Schleswig und Holstein nicht galt, gelang es dem König auf administrativem Wege den Einfluß der Stände zurückzudrängen und auch in den Herzogtümern die absolute Macht auszuüben[1]. Aus diesem Grunde finden sich im Verfassungsrecht des Herzogtums Holstein im 17. und 18. Jahrhundert auch keine Ansätze einer Ministerverantwortlichkeit.

Im Jahre 1831 wurde die staatsrechtliche Ordnung der dänischen Monarchie und der Herzogtümer Schleswig und Holstein dann zwar durch die Einführung von beratenden Provinzialständen geändert[2]. Diese Gesetze enthielten jedoch ebenfalls noch keine Vorschriften über die Verantwortlichkeit der Minister und das Recht der Stände zur Anklage derselben.

Die Einführung der Ministerverantwortlichkeit blieb vielmehr der provisorischen schleswig-holsteinischen Regierung vorbehalten. In das von ihr am 15. September 1848 erlassene *Staatsgrundgesetz* der Herzogtümer Schleswig-Holstein[3] wurde die Ministerverantwortlichkeit ausführlich aufgenommen. Die politische Verantwortlichkeit der Minister ergab sich aus den Art. 35, 36 und 67, wonach wirksame Anordnungen des Herzogs in Regierungsangelegenheiten nur vorlagen, wenn die jeweiligen Gesetze von einem Minister gegengezeichnet waren. Die Verantwortlichkeit der Minister, die durch die Kontrasignatur begründet wurde (Art. 36 Satz 2), konnte nicht durch eine entsprechende Anordnung des Herzogs aufgehoben werden[4]. Die rechtliche Verantwortlichkeit behandelten die Art. 68, 69 und 42.

Bereits am 21. Oktober 1848 erging im Ausführung des Art. 68 ein Gesetz, betreffend die Verantwortlichkeit der Minister[5]. Gegenstand der Anklage waren danach nicht nur Verletzungen des Staatsgrundgesetzes, sondern auch die Gefährdung der Sicherheit und Wohlfahrt des Staates (§ 1). Die Einleitung des Strafverfahrens erfolgte nach Verhandlungen in der Landesversammlung (§§ 3 - 7) durch einen ent-

---

[1] *Brandt / Klüver*, S. 195; *Goos / Hansen*, S. 25.

[2] Vgl. oben 1. Teil II.

[3] CS 1848 Nr. 172; *Rauch*, 2. Lfg., S. 1 ff.

[4] Hier wird der französische Einfluß besonders deutlich; vgl. oben 2. Teil I 3.

[5] CS 1848 Nr. 222; *Rauch*, 2. Lfg., S. 29 ff.

sprechenden Beschluß dieses Organs. Nach dem Anklagebeschluß war der beschuldigte Minister für die Dauer des Verfahrens von seiner amtlichen Tätigkeit auszuschließen (§ 10).

Die Entscheidung über die Ministeranklage hatte ein aus Mitgliedern des schleswig-holstein-lauenburgischen Oberappellationsgerichts und des Juztizausschusses zusammengesetztes schleswig-holsteinisches *Staatsgericht* zu treffen (§§ 12, 13). Es konnte auf Amtsentsetzung, was die Unfähigkeit zur Wiedereinstellung in den Staatsdienst zur Folge hatte, und auf Amtsentlassung erkennen (§ 2 Abs. 1). Das Staatsgericht hatte daneben weitere Strafen auszusprechen, wenn der angeklagte Minister durch seine Handlungen außerdem Tatbestände des in den Herzogtümern geltenden Strafrechts erfüllt hatte (§ 2 Abs. 2).

Aus diesen Vorschriten des Gesetzes, betreffend die Verantwortlichkeit der Minister, und aus den einschlägigen Normen des Staatsgrundgesetzes ergibt sich eine klare Trennung der staatsrechtlichen Ministerverantwortlichkeit von der allgemeinen strafrechtlichen Verantwortlichkeit unter Beibehaltung eines strafrechtlichen Verfahrens bei der Ministeranklage[6].

Durch die Wiederherstellung der dänischen Herrschaft im Herzogtum Holstein verloren diese umfassenden gesetzlichen Regelungen über die Ministerverantwortlichkeit allerdings bald ihre Geltung, so daß im Herzogtum Holstein bis zum Erlaß der *Spezialverfassung* vom 11. Juni 1854[7] vorübergehend wieder der alte vor 1848 geltende Zustand eintrat[8]. Die neue Spezialverfassung regelte in § 14 die Ministeranklage. Nach dieser Vorschrift hatte die Holsteinische Provinzialständeversammlung das Recht, den Minister für die Herzogtümer Holtein und Lauenburg von dem Oberappellationsgericht anzuklagen, wenn dieser nach ihrer Ansicht provisorische Verfügungen ohne vorgängige Zustimmung der Stände erließ, obwohl hierfür nach deren Ansicht kein dringender Grund bestand. Neben dem Anklagerecht war die Ständeversammlung außerdem befugt, sich über Verwaltungsmaßregeln, die in den Wirkungsbereich des Ministeriums für die Herzogtümer Holstein und Lauenburg gehörten, zu beschweren (§ 17)[9].

---

[6] *Pistorius*, S. 97.

[7] Vgl. oben 1. Teil III 3.

[8] Das Staatsgrundgesetz für das Königreich Dänemark vom 5. Juni 1849 galt nicht im Herzogtum Holstein (*Raasløff*, S. 3 ff.). Zu der darin geregelten Ministerverantwortlichkeit vgl. *Frisch*, S. 98 und *Goos / Hansen*, S. 48 ff., die allerdings anstatt der einschlägigen Art. 18 - 20 die Art. 12 - 14 des Dänischen Staatsgrundsatzes zitieren.

[9] Eine ausführliche Darstellung und Untersuchung dieser Vorschriften erfolgt bei der Prüfung der einzelnen Verfahren gegen den Minister von Scheele.

III. Die Begründung der Ministerverantwortlichkeit

Im Gegensatz zu England, wo sich die Begründung der Ministerverantwortlichkeit ohne weiteres aus dem langen historischen Entwicklungsprozeß ergibt, bedarf sie auf dem Kontinent einer besonderen Rechtfertigung, denn hier kann zur Begründung des Instituts der Ministerverantwortlichkeit nicht die historische Entwicklung herangezogen werden, da dieses Institut in die kontinentalen Verfassungen nur als notwendige Begleiterscheinung des konstitutionellen Prinzips Eingang gefunden hat. Zur Begründung und Rechtfertigung der Ministerverantwortlichkeit sind mehrere Theorien entwickelt worden.

Da die Ministerverantwortlichkeit ein wesentlicher Bestandteil des Konstitutionalismus ist, kann sie ihre Rechtfertigung nur in diesem Prinzip finden. Es ist ein unbestrittener Satz der staatsrechtlichen Lehre, daß die Unverantwortlichkeit des Staatsoberhaupts und die Ministerverantwortlichkeit als ihr notwendiges Korrelat die wichtigsten konstitutionellen Grundsätze beinhalten und daß eine Verbindung dieser beiden Prinzipien den *„Schlußstein des Konstitutionalismus"* bilde[1]. Während jener Grundsatz die Aufgabe hat, die „höchste Gewalt vor den Wechselfällen des Parteikampfes"[2] sicherzustellen, soll dieses Prinzip die verfassungsmäßigen Rechte der Volksvertretung und der Bürger vor Gefahren schützen, die sich aus der Unverantwortlichkeit des Staatsoberhaupts ergeben. Die Ministerverantwortlichkeit ist nur aus der Wechselbeziehung zwischen beiden Prinzipien zu erklären. Wegen dieser Verbindung ist es zur Begründung der Ministerverantwortlichkeit nötig, auch die Gründe, aus denen sich die Unverantwortlichkeit des Staatsoberhaupts ergibt, herauszuarbeiten.

1. Die Unverantwortlichkeit des Staatsoberhaupts

Nach dem sog. *germanischen* Prinzip, das bei den nordischen Völkern galt, herrschte der Grundsatz, daß jeder — also auch das Staatsoberhaupt — einem Richter verantwortlich sei[3]. Im Gegensatz hierzu stand das unter dem theokratischen Einfluß des Orients entstandene sog. *romanische* Prinzip. Nach dieser Auffassung, die im Altertum in Griechenland und Rom galt, war das Staatsoberhaupt unverantwortlich[4].

---

[1] *Dallinger*, S. 59; *Frisch*, S. 104; *Maurer*, S. 6; *Passow*, S. 40 f.; *Putzrath*, S. 39.

[2] *Schnabel*, Ministerverantwortlichkeit, S. 3.

[3] Vgl. oben 2. Teil I 1; hierzu ausführlich *Frisch*, S. 108 ff.; *Schneider*, S. 1.

[4] *Frisch*, S. 105 ff.

Als das Königtum in England zugunsten der Stände einen Großteil seiner ursprünglichen Macht verloren hatte, kam das romanische Prinzip wieder zur Geltung. Zu Beginn des 13. Jahrhunderts wurde unter *Heinrich III.*, als dieser noch ein Kind war, die Unverletzlichkeit des Monarchen erstmals proklamiert. Dies geschah hauptsächlich, um das Ansehen und die Macht des Thrones und der Regierung zu stärken[5]. Der Grundsatz von der Unverantwortlichkeit des Staatsoberhaupts, der in England mit den Worten „the king can do no wrong" umschrieben wird, blieb seit dieser Zeit in praktischer Geltung. Der Satz wurde zunächst dahin interpretiert, daß der König deshalb unverantwortlich sei, weil er tatsächlich wegen einer Rechtsverletzung nicht zur Rechenschaft gezogen werden konnte. Später beschränkte man sich dann auf eine wörtliche Auslegung und vertrat die Ansicht, der König auf Grund seines Gottesgnadentums moralisch gar nicht in der Lage, ein Unrecht zu begehen, ja er könne ein derartiges Unrecht nicht einmal denken oder beabsichtigen[6].

Die Gedanken dieser Theorie übernahm *Montesquieu*[7]. Nach seiner Ansicht ist der König unverantwortlich, weil er stets nur das Beste wolle. Jedes von ihm ausgehende Unrecht könne deshalb nur als eine Folge der schlechten Beratung durch seine Minister angesehen werden. Die Auffassung Montesquieus wurde in Deutschland vereinzelt vertreten[8] und fand in dem Großherzoglich Hessischen Gesetz über die Verantwortlichkeit der Minister vom 5. Juli 1821[9] Eingang in die deutsche Gesetzgebung.

Der Fehler dieser Theorie liegt darin, daß der Satz, „the king can do no wrong", wörtlich aufgefaßt wird. Besonders deutlich wird das, wenn man sich die Ergebnisse vor Augen hält, die diese Theorie hervorbringt. Auf der einen Seite widerspricht es dem Prinzip der Selbstregierung des Monarchen, wenn er immer nur als schlecht Beratener aufgefaßt werden kann, während der eigentliche Urheber aller gesetzgeberischen Maßnahmen der Minister sein soll. Auf der anderen Seite könnte der Minister für Regierungsakte, die er ohne die Mitwirkung des Souveräns erläßt, nicht in seiner Eigenschaft als Minister, sondern lediglich auf Grund der Beamtenstellung verantwortlich gemacht werden. Schließlich müßte der Minister bei der Durchführung dieser Theorie auch dann verantwortlich sein, wenn ohne seine Mitwirkung ein Unrecht von dem Souverän ausginge[10].

---

5 *Frisch*, S. 121 f.

6 *Dallinger*, S. 60; *Frisch*, S. 123.

7 *Montesquieu*, Livre XI, Chapitre VI, S. 259.

8 *Zöpfl*, Bd. 2, S. 419 f.

9 Abgedruckt bei *Samuely*, S. 24 Anm. 4.

Noch weiter als Montesquieu geht *Constant*. Nach seiner Lehre, die nicht nur in Frankreich, sondern in ganz Europa starke Beachtung fand, ist die auf der Fiktion des Satzes „the king can do no wrong" beruhende Unverantwortlichkeit des Staatsoberhaupts nur dadurch zu erreichen, daß der König im Staat eine Stellung zugewiesen bekommt, in der er kein Unrecht begehen kann. Deshalb macht Constant den Souverän zu einem völlig handlungsunfähigen Staatsorgan, das sich gegenüber den anderen Gewalten im Staat neutral zu verhalten hat *(pouvoir neutre)*[11]. Die Exekutive übernehmen dafür die Minister, die folglich auch allein verantwortlich sind[12].

Zwar bedarf diese Theorie nicht mehr der Fiktion, daß der Souverän von seinen Ministern schlecht beraten worden ist. Hiermit ist jedoch nichts gewonnen, denn Constant muß dafür mit der Unterstellung, der König könne überhaupt nichts tun, arbeiten. Gerade diese Fiktion verstößt aber gegen die Prinzipien des monarchisch-konstitutionellen Systems, das eine Vereinigung der Staatsgewalt in der Person des Monarchen verlangt. Eine Teilung der Gewalten in der Form, daß sie von dem Souverän gänzlich losgelöst und an andere selbständige Organe im Staat übertragen werden, steht im Widerspruch zu dem eine Einheit bildenden konstitutionellen Staat[13]. Damit gelingt es auch der Constant'schen Theorie nicht, eine ausreichende Begründung für die Unverantwortlichkeit des Staatsoberhaupts zu geben.

Die einzig zutreffende und überzeugende Rechtfertigung der Unverantwortlichkeit des Monarchen läßt sich mit der h. L. nur auf dem politischen Gebiet finden[14]. Es liegt im Interesse des Staates, den Souverän von politischen Kämpfen und alltäglichen Parteienstreitigkeiten fernzuhalten und damit die Einheit des Staates und die monarchisch-konstitutionelle Staatsform zu sichern, begründet. Die Verneinung der Unverantwortlichkeit des Staatsoberhaupts hätte zur Folge, daß der Staat der integrierten Kraft beraubt würde, an der die verschiedenen herrschenden Gewalten ihre Grenzen finden[15]. Erst durch

---

10 Vgl. hierzu *Frisch*, S. 191; *Samuely*, S. 24 ff.; *Mohl* (S. 8 Anm. 1) widerlegt diese „psychologisch absurde" Theorie kurz und treffend mit der Feststellung, daß sie „nach der Geschichte aller Zeiten eine handgreifliche Unwahrheit ist".

11 *Constant*, S. 19, 423.

12 *Constant*, S. 178 f.

13 *Frisch*, S. 127; *Samuely*, S. 15; *Zachariä*, S. 80; die Unteilbarkeit der Staatsgewalt ist für die im Deutschen Bund vereinigten Bundesstaaten grundgesetzlich durch Art. 57 der Schlußakte der Wiener Ministerkonferenzen vom 15. Mai 1820 (abgedruckt bei *Huber*, Dok. I, S. 81 ff.) ausgesprochen.

14 *Buddeus*, S. 6; *Gerber*, S. 80; *Hammer*, S. 43 f.; wohl auch *Dallinger*, S. 61; eingehend *Frisch* (S. 129 ff.), der die Richtigkeit dieser Ansicht auch an Hand der Geschichte ausführlich darstellt.

15 *Hammer*, S. 44.

das Prinzip der Unverantwortlichkeit wird das Staatsoberhaupt über die alltäglichen Kämpfe im Staate hinausgehoben und damit in die Lage versetzt, in einer für den gesamten Staat ungefährlichen Weise regulierend und den Zusammenhalt fördernd einzugreifen[16].

2. Die Verantwortlichkeit der Minister

Der Grundsatz der Unverantwortlichkeit des Staatsoberhaupts bringt für den konstitutionellen Staat insoweit Gefahren, als der Monarch als Träger der Staatsgewalt und selbständiger Inhaber der Exekutive durch die Verfassung, die auch die Volksvertretung mit verschiedenen Rechten ausstattet, an Recht und Gesetz gebunden ist, tatsächlich jedoch nicht zur Rechenschaft gezogen werden kann. Aus diesem Grunde ist die Ministerverantwortlichkeit als notwendiges *Korrelat* zur Unverantwortlichkeit des Staatsoberhaupts geschaffen worden. Ohne sie bestände kaum ein Unterschied zwischen dem absoluten und dem konstitutionellen Staat[17], wären einer Willkürherrschaft des Staatsoberhaupts Tür und Tor geöffnet[18]. Ein konstitutioneller Staat ist deshalb nur denkbar, wenn die Volksvertretung ihre Kontrollrechte Verantwortlichen gegenüber geltend machen kann[19]. Mit dieser Feststellung ist aber noch keine Erklärung dafür gefunden, warum gerade die Minister an Stelle des unverantwortlichen Souveräns die Verantwortung für dessen Maßnahmen übernehmen müssen.

Nach der von *Constant* aufgestellten Theorie folgt die Ministerverantwortlichkeit aus der Verteilung der Staatsgewalten. Während der Monarch zur vollständigen Untätigkeit verurteilt ist — *„le pouvoir royal ... et un pouvoir neutre“*[20] —, steht den Ministern die Exekutive ohne Einschränkung zu. Weil die Minister aber die allein Handelnden sind, müssen sie für ihre Tätigkeit auch verantwortlich sein. Wie bereits dargelegt[21], verkennt die Constant'sche Theorie nicht nur die Stellung des Souveräns im konstitutionellen Staat, sondern begeht auch den Fehler, den Ministern die gesamte Exekutivgewalt in die Hände zu geben. Damit wird eines der wesentlichen Merkmale der konstitutionellen Staatsform, die leitende Zentralgewalt des Monarchen, mehreren Ministern zugewiesen. Die Lehre Constants läßt folglich einen Staat entstehen, der nicht mehr als konstitutionelle Monarchie, sondern als *Oligarchie* von Ministern bezeichnet werden muß.

[16] *Frisch*, S. 131; *Gerber*, S. 80 Anm. 1.

[17] *Dallinger*, S. 62.

[18] *Buddeus*, S. 7; *Frisch*, S. 183.

[19] *Hänel*, S. 157 f.

[20] *Constant*, S. 19.

[21] Vgl. oben 2. Teil III 1.

Eine zweite, von *Buddeus* entwickelte Theorie beläßt die Exekutive bei dem Monarchen[22]. Da der Monarch aber nicht zur Rechenschaft gezogen werden kann, sollen an seiner Stelle die Minister für die von ihm begangenen unrechtmäßigen Handlungen verantwortlich sein. Nach dieser auch *„Prügelknabentheorie"* genannten Lehre, büßen die Minister also kein eigenes Unrecht, sondern sühnen Verbrechen, dessen Ahndung eigentlich den Monarchen zu treffen hätte[23].

Die Fehler der Prügelknabentheorie liegen in der von ihr aufgestellten Fiktion, wonach der Minister nur die Aufgabe hat, für die Handlungen des Staatsoberhaupts die Verantwortung zu übernehmen und gegebenenfalls die verhängte Strafe zu erdulden. Die Fiktion steht aber im Widerspruch zu der Tatsache, daß der Minister ein selbständiges Organ des konstitutionellen Staates ist[24]. Außerdem greift die Ministerverantwortlichkeit, die nach der Prügelknabentheorie ja nur ein Korrektiv für die Unverantwortlichkeit des Staatsoberhaupts ist, nicht ein, wenn ein Minister kraft seines Amtes Handlungen ohne den ausdrücklichen Befehl des Monarchen vornimmt. In diesen Fällen soll der Minister nur wie jeder andere Staatsdiener auch für die ordnungsgemäße Erfüllung der ihm obliegenden Amtspflichten haften[25]. Damit wird dem Institut der Ministerverantwortlichkeit aber jegliche Wirkung genommen und dem Absolutismus Tür und Tor geöffnet, da der Monarch alle Regierungsakte einfach allein durch die Minister ausführen lassen könnte. Eine Verantwortlichkeit der Minister gegenüber der Volksvertretung bestände dann nicht. Dadurch, daß der Souverän die von ihm abhängigen Minister mit der Drohung der Entlassung zur selbständigen Anordnung von Regierungsakten veranlassen kann, würden landesherrliche Verfügungen einfach durch ministerielle ersetzt werden[26].

Auch die Lehre *Montesquieus,* die zwischen den dargelegten extremen Theorien, die entweder dem Staatsoberhaupt oder den Ministern allein die Exekutive zuweisen, zu vermitteln sucht, kann keine einleuchtende Begründung für die Verantwortlichkeit der Minister geben, denn sie stellt einmal die dem Prinzip der Selbstregierung widersprechende Fiktion von der unwandelbaren Rechtsliebe des Mo-

---

[22] *Buddeus,* S. 5.

[23] *Bischof,* S. 30; *Buddeus* (S. 5) nennt den Minister einen *„Souffre-douleur* des Monarchen" und räumt ein, daß seine Theorie zwischen dem Monarchen und dem Minister „ein allen philosophischen und positiven Rechtsbegriffen so zuwiderlaufendes Verhältnis" entstehen läßt, „daß es nur da und so eintreten kann, wo und wie es ausdrücklich und ganz besonders festgesetzt ist".

[24] *Frisch,* S. 189; *Krieghoff,* S. 11; *Samuely,* S. 21; *Wippermann,* S. 41.

[25] *Buddeus,* S. 17.

[26] *Frisch,* S. 190; *Kerchove,* S. 42 f.; *Mohl,* S. 62 Anm. 1; *Samuely,* S. 23 f.

narchen auf und führt zum anderen in den Fällen, in denen die Regierungsakte allein von den Ministern ausgehen, wie die Prügelknabentheorie nur zur allgemeinen Beamtenverantwortlichkeit[27].

Eine überzeugende Erklärung der Ministerverantwortlichkeit kann damit nicht durch die Zuhilfenahme von Fiktionen, die dazu noch im Widerspruch zu der monarchisch-konstitutionellen Staatsform stehen, erreicht werden[28]. Die zutreffende Begründung dieser besonderen Verantwortlichkeit ist vielmehr allein in der richtigen Würdigung der staatsrechtlichen Stellung der Minister zu finden. Die besondere Stellung liegt darin, daß königliche Regierungsakte erst durch die Mitwirkung des Ministers rechtsgültig und vollziehbar werden. Die Gegenzeichnung des Ministers macht den Erlaß eines Regierungsaktes durch den Monarchen aber nicht nur möglich, sondern auch zu einer eigenen Maßnahme des Ministers. Bei dieser Tätigkeit handelt der Minister selbständig und ist nicht einmal dem Befehl des Staatsoberhaupts unterworfen[29]. Verweigert ein Minister die Mitwirkung an einem Regierungsakt, so bleibt dem Monarchen, wenn er nicht bereit ist, auf die Maßnahme zu verzichten, nur die Möglichkeit, den Minister zu entlassen und einen neuen, zur Gegenzeichnung bereiten Minister zu ernennen[30]. Da die Kontrasignatur wie alle übrigen Anordnungen eigene Handlungen des Ministers darstellen, ist er hierfür auch nach allgemeinen Rechtsgrundsätzen wie ein frei Handelnder verantwortlich. Die Begründung, daß der Minister mit der Gegenzeichnung auch die Verantwortlichkeit für den gesamten königlichen Regierungsakt übernimmt, liegt darin, daß die persönliche Handlung des Monarchen erst in Verbindung mit der Gegenzeichnung zu einem wirksamen Regierungsakt wird[31]. Mit der Kontrasignatur macht der Minister den ursprünglich von dem Monarchen ausgehenden Regierungsakt praktisch zu einem eigenen, für den er dann auf Grund seiner ständigen und freien Mitwirkungshandlung voll verantwortlich ist.

IV. Der Inhalt der Ministerverantwortlichkeit

Die Ministerverantwortlichkeit kann nur dann entstehen, wenn die Handlungen der Minister durch ihre besondere staatsrechtliche Stellung beeinflußt werden. Dies folgt aus der Tatsache, daß die Ministerverantwortlichkeit ihre Begründung erst in eben dieser besonderen

[27] Vgl. oben 2. Teil III 1; vgl. auch *Frisch*, S. 191; *Samuely*, S. 24 ff.

[28] *Köbrich*, S. 67.

[29] *Dallinger*, S. 62; *Frisch*, S. 192; *Hammer*, S. 48; *Linde*, S. 53; *Passow*, S. 13.

[30] *Frisch*, S. 192.

[31] *Frisch*, S. 193; *Hammer*, S. 49.

staatsrechtlichen Stellung der Minister findet. Damit scheiden diejenigen Handlungen, die von einem Minister in seiner Eigenschaft als Privatmann vorgenommen werden, von vornherein aus. Die Ministerverantwortlichkeit kann also nur durch solche Handlungen entstehen, die Ausfluß der *amtlichen Stellung* des Ministers sind.

Mit dieser Feststellung ist aber noch nicht die Frage beantwortet, ob die Ministerverantwortlichkeit sich auf alle in den amtlichen Wirkungsbereich des Ministers fallenden Maßnahmen erstreckt oder ob hiervon bestimmte Handlungen auszunehmen sind. Die meisten Verfassungen geben hierauf keine Antwort, sondern beschränken sich darauf, lediglich das Institut der Miniterverantwortlichkeit aufzustellen. In der staatsrechtlichen Literatur hat diese Frage dagegen zu ausführlichen und kontroversen Diskussionen geführt.

Nach der *älteren Lehre* wird die Gegenzeichnung von den anderen amtlichen Tätigkeiten des Ministers getrennt. Die besondere Ministerverantwortlichkeit soll nur durch die Kontrasignatur begründet werden, während in allen übrigen Fällen lediglich die allgemeine, alle Beamten treffende Verantwortlichkeit eingreifen soll[1].

Diese Theorie verkennt allerdings die Stellung des Ministers im konstitutionellen Staat und führt außerdem zu unbrauchbaren Ergebnissen. Der Minister ist als der höchste Beamte wegen des Prinzips der Unverantwortlichkeit des Staatsoberhaupts zugleich die höchste verantwortliche Instanz im Staat[2]. Diese Stellung begründet die Ministerverantwortlichkeit, die sich von der allgemeinen Beamtenverantwortlichkeit dadurch unterscheidet, daß sich der Minister weder auf den Befehl eines Vorgesetzten berufen kann noch der allgemeinen Beamtendisziplin untersteht, da er jederzeit seine Entlassung einreichen kann[3]. Schon auf Grund dieser relativ freien Stellung kann der Minister dem Staat eher als die ihm unterstellten Beamten Schaden zufügen, so daß eine besondere Verantwortlichkeit nicht nur für die Gegenzeichnung, sondern auch für eigene Handlungen des Ministers anzunehmen ist[4]. Außerdem führt die ältere Lehre in den Fällen, in denen der Minister einen königlichen Regierungsakt ohne Gegenzeichnung durchführt oder einfach selbst ohne die Mitwirkung des Monarchen erläßt, dazu, daß den Minister keine besondere Verantwortlichkeit trifft[5]. Durch diese Lücke könnte der Minister immer dann schlüpfen, wenn die beabsichtigte Maßnahme zu einer

---

[1] *Bischof*, S. 45, 47; *Gareis*, S. 53; *Zachariä*, S. 328.

[2] *Pistorius*, S. 164 f.

[3] *Hammer*, S. 51.

[4] *Samuely*, S. 62.

[5] *Frisch*, S. 198; *Gundlach*, S. 26; *Samuely*, S. 60.

ständischen Anklage führen könnte. Damit ist das für das Funktionieren des konstitutionellen Staates erforderliche Institut der Ministerverantwortlichkeit aber praktisch jeder Wirkung beraubt.

Mit der *herrschenden Meinung* ist deshalb davon auszugehen, daß für die Begründung der Ministerverantwortlichkeit nicht die Gegenzeichnung des Ministers erforderlich ist. Es reicht für die Annahme einer besonderen Verantwortlichkeit vielmehr aus, daß der Minister bei den königlichen Regierungsakten in irgendeiner Form mitgewirkt oder durch eine amtliche Handlung selbständig eine Maßnahme durchgeführt hat[6]. Auch Unterlassungen können die Ministerverantwortlichkeit begründen, da der Staat nicht nur durch positive Handlungen, sondern auch durch die Untätigkeit eines Ministers in Gefahr geraten kann[7].

Im Gegensatz zu dem Problem, welche Handlungen die Ministverantwortlichkeit begründen, ist die Frage, wie die Mitwirkung eines Ministers an einem Regierungsakt nachgewiesen werden kann, in der Literatur kaum erörtert worden.

Nach der von *Zöpfl* vertretenen Ansicht wird ein Minister nicht schon dadurch, daß er bei der Beratung eines zu erlassenden Regierungsaktes eine gegenteilige Meinung äußert, von der Verantwortlichkeit befreit. Er muß sich vielmehr bei der Beschlußfassung in einem schriftlichen *„Separatvotum"* ausdrücklich gegen die geplante Maßnahme aussprechen und deren Mitunterzeichnung verweigern[8]. Liegt ein Separatvotum des Ministers nicht vor, so ist seine Mitwirkung als erwiesen anzusehen.

Diese Lehre, die vereinzelt Eingang in die Gesetzgebung gefunden hat[9], überzeugt jedoch nicht, denn bei ihrer Durchführung zeigt sich, daß sie zu einer Aushöhlung des Instituts der Ministerverantwortlichkeit führen kann. Der Minister hat nach der dargestellten Lehre nämlich die Möglichkeit, sich durch den formalen Akt eines Separatvotums von der Verantwortlichkeit zu befreien, obwohl er in Wahrheit an dem Regierungsakt mitgewirkt hat. Das Separatvotum führt also dazu, daß der Minister selbst den Umfang der Verantwortlichkeit

---

[6] *Anschütz*, Enzyklopädie, S. 112; *Bluntschli*, Staatswörterbuch, S. 752; *Frisch*, S. 208; *Kerchove*, S. 47, 100 ff.; *Lucz*, S. 34; *Marschall von Bieberstein*, S. 532; *Pistorius*, S. 165; *Samuely*, S. 59 ff.; *Zöpfl*, S. 425.

[7] *Frisch*, S. 198; *Gerber*, S. 194; *Hammer*, S. 52; *Krieghoff*, S. 10; *Wolfram*, S. 19.

[8] *Zöpfl*, S. 422.

[9] Vgl. Art. 4 des Gesetzes über die Verantwortlichkeit der Mitglieder der Staatsregierung wegen Verfassungsverletzungen des Fürstentums Waldeck vom 4. Juni 1850 (Reg. Bl. 1850, 119); hinsichtlich der Aufnahme dieser Theorie in die norwegische und schwedische Gesetzgebung siehe *Frisch*, S. 210 ff.

bestimmen kann, während eine Kontrolle über seine tatsächliche Mitwirkung bei der Gesetzgebung unmöglich gemacht wird[10].

Diese Ausführungen machen deutlich, daß es unmöglich ist, im Einzelfall eine Mitwirkung des Ministers einwandfrei nachzuweisen. Ein solcher Nachweis ist allerdings auch gar nicht nötig, denn der Minister ist allein auf Grund seiner Stellung als höchster Beamter, dem die Leitung des Staatswesens untersteht, für alle Handlungen verantwortlich, die in seinen amtlichen Wirkungskreis fallen[11]. Diese sehr weitreichende und umfangreiche Ministerverantwortlichkeit wird dadurch gerechtfertigt, daß der Minister in einem Dienstverhältnis eigener Art steht, aus dem er, jedenfalls prinzipiell, gegebenenfalls jederzeit seine Entlassung einreichen kann. Nur die Annahme, daß bereits die Ministerstellung eine Verantwortlichkeit begründet, verhindert folglich eine unzulässige Einschränkung oder Umgehung des Instituts der Ministerverantwortlichkeit.

V. Die Arten der Ministerverantwortlichkeit

In der staatsrechtlichen Literatur ist die Einteilung der verschiedenen Arten der Ministerverantwortlichkeit stark umstritten. Außerdem entwickelt fast jeder Schriftsteller, der sich mit diesem Problem auseinandergesetzt hat, eine eigene Terminologie[1]. Die so entstandene verwirrende Vielfalt verschiedener Begriffe, denen von den einzelnen Autoren teilweise noch eine unterschiedliche Bedeutung beigemessen wird, führt dazu, daß selbst unstreitige Punkte noch kontrovers erscheinen.

Bei der Frage nach den verschiedenen Arten der Ministerverantwortlichkeit ist von dem *Begriff* der Verantwortlichkeit auszugehen. Unter Verantwortung wird die Pflicht verstanden, in Bezug auf ein bestimmtes Verhalten Rede und Antwort zu stehen und die sich aus diesem Verhalten ergebenden Folgerungen zu tragen[2] oder für die Erfüllung der aus einer selbständigen Handlung folgenden Pflicht, die einem Dritten geschuldet wird, einzustehen[3]. Diese allgemeine Definition der Verantwortung umfaßt sowohl eine ethisch-moralische als auch eine rechtliche Verantwortlichkeit. Da die vorliegende Untersuchung sich mit dem Rechtsinstitut der Ministerverantwortlichkeit beschäftigt, muß die ethisch-moralische Verantwortlichkeit der Minister — z. B. die Verantwortlichkeit gegenüber der öffentlichen Meinung,

---

10 *Frisch*, S. 212.

11 *Frisch*, S. 213; *Hammer*, S. 53.

1 *Frisch*, S. 147; *Linde*, S. 55; *Samuely*, S. 3 f.

2 *Pistorius*, S. 1.

3 *Marschall von Bieberstein*, S. 523.

der Presse oder verschiedenen Gruppen der Gesellschaft — hier allerdings unberücksichtigt bleiben, weil sie keinen Rechtscharakter besitzt und damit außerhalb des positiven Rechts liegt[4]. Die „Minister“-verantwortlichkeit umfaßt damit nur einen Teil der gesamten Verantwortung eines Ministers und muß notwendig *rechtlicher* Natur sein.

1. Einteilungsmodelle

Um die verschiedenen Arten der rechtlichen Ministerverantwortlichkeit darstellen zu können, ist es erforderlich, klare Einteilungskriterien zu finden. Eine Einteilung kann einmal nach den jeweiligen Foren, vor denen sich die Minister zu verantworten haben, erfolgen. Diese Einteilung ist von *Frisch* entwickelt worden[5]. Zum anderen können die Handlungen der Minister als Einteilungsprinzip dienen.

a) Einteilung nach den Foren

Die Minister können vor verschiedene Foren zur Rechenschaft gezogen werden. Dies sind:

— das Staatsoberhaupt,

— das Parlament,

— der Staatsgerichtshof,

— die ordentlichen Zivil- und Strafgerichte.

Allerdings handelt es sich nicht bei jeder dieser vier Arten der rechtlichen Verantwortlichkeit der Minister um eine Ministerverantwortlichkeit im *engeren* oder *technischen* Sinne. So besteht im Verhältnis der Minister zum Staatsoberhaupt keine besondere staatsrechtliche Verantwortlichkeit[6]. Der Souverän kann von dem Minister lediglich Aufklärung über die von ihm vorgenommenen Handlungen verlangen. Wenn der Minister hierauf die Auskunft verweigert, bleibt dem Staatsoberhaupt nur die Möglichkeit, diesen zu entlassen. Die Befugnis über den Minister zu Gericht zu sitzen und ihn durch ein Urteil zu einem bestimmten Verhalten zu zwingen, hat der Souverän dagegen nicht.

Die Verantwortlichkeit der Minister vor den ordentlichen Zivil- oder Strafgerichten fällt ebenfalls nicht unter die Ministerverantwortlichkeit im engeren oder technischen Sinne[7], denn sie hat ihren

---

[4] Zur Frage der ethisch-moralischen Verantwortung vgl. *Ryffel*, Der Staat 1975, 275 ff.

[5] *Frisch*, S. 152 ff.

[6] *Dallinger*, S. 52; *Frisch*, S. 153.

[7] *Frisch*, S. 153; *Pistorius*, S. 163; *Rehm*, S. 331; so im Ergebnis auch *Lucz*, S. 38 f.

Grund nicht in der besonderen verfassungsrechtlichen Stellung der Minister, sondern folgt aus der allgemeinen Gesetzunterworfenheit der Staatsbürger. Die Annahme einer Ministerverantwortlichkeit erfordert aber, daß die Verantwortlichkeit gerade für den Minister typisch und charakteristisch ist. Diese besonderen Merkmale sind bei Verfahren gegen Minister vor den Zivil- oder Strafgerichten allerdings nicht gegeben, denn sie unterscheiden sich nicht von Verfahren gegen die übrigen Staatsbürger.

Dagegen handelt es sich bei der Verantwortlichkeit der Minister vor dem *Parlament* und vor dem *Staatsgerichtshof* um eine Ministerverantwortlichkeit im engeren oder technischen Sinne[8], denn diese Verantwortlichkeit trifft nur die Minister und läßt sich allein aus ihrer besonderen verfassungsrechtlichen Stellung erklären. Die Verantwortlichkeit der Minister gegenüber der Volksvertretung sollte als *„parlamentarische"* Verantwortlichkeit bezeichnet werden[9]. Zu ihrer Geltendmachung sehen die Verfassungen der einzelnen Bundesstaaten verschiedene, in ihrem Wirkungsgrad abgestufte Mittel vor. So haben die Volksvertretungen das Recht, Fragen an die Regierung zu stellen oder Petitionen einzureichen. Teilweise sind sie darüberhinaus befugt, die Anwesenheit der Minister im Parlament zu verlangen. Eine Verpflichtung der Minister, auf Fragen der Abgeordneten Rede und Antwort zu stehen, besteht dagegen grundsätzlich nicht. Außerdem kann den Volksvertretungen das Recht, Untersuchungsausschüsse zur Klärung bestimmter Sachverhalte einsetzen zu dürfen, eingeräumt sein. Das schärfste Mittel bei der Geltendmachung der parlamentarischen Ministerverantwortlichkeit wird den Kammern schließlich dadurch an die Hand gegeben, daß sie dem Minister in einem entsprechenden Beschluß ihr Mißtrauen aussprechen können.

Die Verantwortlichkeit der Minister vor dem Staatsgerichtshof, die man am klarsten als *gerichtliche* Ministerverantwortlichkeit bezeichnet[10], wird durch die Einreichung einer formellen Klage vor dem genannten Gericht erhoben. In einigen Staaten wird die Entscheidung zwar von dem Oberhaus gefällt. Dies hat jedoch keinen Einfluß auf die gewählte Benennung, da das Oberhaus in diesen Fällen die Rolle des Staatsgerichtshofs übernimmt und folglich gerichtlich tätig wird.

Allerdings fallen nicht alle Anklagen der Minister vor dem Staatsgerichtshof unter die gerichtliche Ministerverantwortlichkeit. Das ergibt sich aus der Tatsache, daß dieser Gerichtshof zum Teil auch gewöhnliche Verbrechen der Minister mit aburteilt. Die Übernahme

---

[8] *Dallinger*, S. 53; *Frisch*, S. 155.

[9] *Dallinger*, S. 53; *Hauke*, S. 13; *Mohl*, S. 10.

[10] *Dallinger*, S. 53.

gemeiner Verbrechen durch den Staatsgerichtshof hat jedoch nur prozessuale und politische Gründe und kann nicht darüber hinwegtäuschen, daß es sich hierbei eigentlich um die Ausübung der ordentlichen Strafgerichtsbarkeit handelt[11]. Damit fallen unter den Begriff der gerichtlichen Ministerverantwortlichkeit nur diejenigen Ministeranklagen vor dem Staatsgerichtshof, die nicht auf gemeine Verbrechen gestützt werden[12].

b) Einteilung nach den Handlungen

Bei einer Unterteilung nach den Handlungen der Minister[13] lassen sich drei Gruppen bilden. Die Minister können mit ihren Handlungen nämlich

— gegen einzelne im Gesetz besonders aufgeführte Verbrechen,

— gegen die Gesetz- und Verfassungsmäßigkeit und

— gegen die Zweckmäßigkeit

verstoßen und deswegen zur Rechenschaft gezogen werden.

Der Verstoß gegen bestimmte Strafgesetze begründet noch keine Ministerverantwortlichkeit im engeren oder technischen Sinne. Dagegen wird die Verantwortlichkeit, die sich aus der Forderung nach gesetz- und verfassungsmäßigen Handlungen der Minister ergibt, in der Regel eine gerichtliche Ministerverantwortlichkeit beinhalten, während die Zweckmäßigkeit meist in den Bereich der parlamentarischen Ministerverantwortlichkeit fällt. Eine gerichtliche Ministerverantwortlichkeit liegt allerdings auch bei der Frage nach der Zweckmäßigkeit der Handlungen des Ministers vor, wenn die Verfassung der Volksvertretung auch für diesen Fall das Recht zur Ministeranklage einräumt[14]. Da es bei der Beurteilung derartiger Handlungen jedoch eher um politische als um rechtliche Fragen geht, ist das gerichtliche Mittel der Ministeranklage untauglich und wird kaum zur Lösung der Probleme führen. Aus diesem Grunde ist die Ministeranklage in den meisten Bundesstaaten auch nicht auf die Überprüfung der Zweckmäßigkeit von Handlungen der Minister ausgedehnt worden.

---

11 *Frisch*, S. 154; *Hauke*, S. 13, 91; *Mohl*, S. 134; *Samuely*, S. 73 f.

12 Diese Differenzierung wird von *Dallinger* (S. 53) nicht vorgenommen, so daß der von ihm gewählten Einteilung in diesem Punkt nicht gefolgt werden kann.

13 *Frisch* (S. 152) hält diese Unterteilung zu Unrecht für wertlos.

14 *Dallinger*, S. 53; vgl. z. B. § 1 des schleswig-holsteinischen Gesetzes, betreffend die Verantwortlichkeit der Minister vom 21. Oktober 1848 (CS 1848 Nr. 222; *Rauch*, 2. Lfg., S. 29 ff.).

Daß die parlamentarische Ministerverantwortlichkeit in den Bereich der Gesetz- und Verfassungsverletzung eingreifen kann, bedarf keiner Begründung. Aber wie beim Übergreifen der gerichtlichen Ministerverantwortlichkeit auf die Zweckmäßigkeit wird dies die Ausnahme bleiben, da der Einsatz der parlamentarischen Mittel grundsätzlich eine politische und nicht eine rechtliche Frage sein wird.

Damit zeigt sich, daß mit der Einteilung nach den Handlungen der Minister die einzelnen Arten der Ministerverantwortlichkeit nicht so klar herausgearbeitet werden können, wie dies bei der Einteilung nach den Foren gelungen ist. Aber auch mit diesem Einteilungsmodell können die verschiedenen Arten der Ministerverantwortlichkeit deutlich gemacht und der Unterschied zu der allgemeinen alle Staatsbürger treffenden Verantwortlichkeit dargelegt werden.

2. Terminologie

Die *gerichtliche* Ministerverantwortlichkeit wird in der Literatur häufig auch als rechtliche oder juristische Ministerverantwortlichkeit bezeichnet[15]. Gegen diese Terminologie bestehen Bedenken, weil auch die parlamentarische Ministerverantwortlichkeit rechtlicher Natur ist, so daß insoweit dem Begriff „rechtlich" ein zu enger Rahmen beigegeben wird. Auf der anderen Seite ist die Ministeranklage in einzelnen Verfassungen aber auch wegen der Gefährdung des Staatswohls zugelassen. In diesem Bereich geht es aber nicht um rechtliche oder juristische, sondern um politische Fragen.

Dem hier verwandten Begriff der *parlamentarischen* Ministerverantwortlichkeit wird in der Literatur überwiegend der Ausdruck „politische" Ministerverantwortlichkeit vorgezogen[16]. Als Begründung wird angegeben, daß es sich bei der Durchführung der parlamentarischen Ministerverantwortlichkeit in der Regel nicht um rechtliche, sondern um politische Fragen handelt. Dieses Argument vermag jedoch nicht zu überzeugen, da in der Praxis auch die gerichtliche Ministerverantwortlichkeit grundsätzlich nur aus politischen Gründen geltend gemacht wird. Wenn man diese Tatsache berücksichtigt, entsteht deshalb leicht der allerdings falsche Eindruck, daß die politische Ministerverantwortlichkeit die gerichtliche Ministerverantwortlichkeit mit umschließt.

Diese Verwirrung wird vermieden, wenn man die rechtliche Ministerverantwortlichkeit in eine gerichtliche und eine parlamentarische Verantwortlichkeit unterteilt. Zum einen hat diese Terminologie den

---

[15] *Bischof*, S. 15; *Frisch*, S. 155; *Kaltenborn*, S. 103; *Meißner*, S. 96.

[16] *Frisch*, S. 155; *Hammer*, S. 63, 68; *Zachariä*, S. 311.

Vorteil, daß sie klar die Foren, vor denen sich die Minister zu verantworten haben, erkennen läßt. Zum anderen können sämtliche Fälle der Ministerverantwortlichkeit den gewählten Begriffen ohne Schwierigkeiten zugeordnet werden.

VI. Die juristische Natur der Ministerverantwortlichkeit

In der staatsrechtlichen Literatur des 19. und des beginnenden 20. Jahrhunderts war die Frage nach der juristischen Natur der Ministerverantwortlichkeit stark umstritten. Zunächst wurde die Auffassung vertreten, daß die Ministerverantwortlichkeit einen rein *strafrechtlichen* Charakter habe[1] und folglich alle Gesetzes- oder Verfassungsverletzungen der Minister Verbrechen darstellten, die mit Kriminalstrafen zu ahnden seien. Diese Theorie ist vor allen Dingen historisch zu erklären. Die moderne Ministerverantwortlichkeit kam über England und Frankreich nach Deutschland. In England hatte das *impeachment* seit jeher einen rein strafrechtlichen Charakter. Die französischen Verfassungen hielten sich zwar nicht streng an die englischen Vorstellungen, aber auch bei ihnen überwog die strafrechtliche Komponente der Ministerverantwortlichkeit[2]. Der Einfluß Frankreichs auf die Verfassungsentwicklung in Deutschland war dann zu Beginn des 19. Jahrhunderts so stark, daß die Gesetzgeber durch Übernahme der französischen Vorbilder der Ministerverantwortlichkeit in den einzelnen Bundesstaaten ebenfalls einen strafrechtlichen Charakter gaben.

Die strafrechtliche Theorie übersah allerdings, daß die Ministerverantwortlichkeit dem Verfassungsrecht und nicht dem Strafrecht angehörte. Ihre Aufgabe war es, die Verfassung zu schützen. Deshalb sollte der Volksvertretung im konstituinellen Staat mit der Ministeranklage die Möglichkeit an die Hand gegeben werden, einen Minister, der die Verfassung oder die Gesetze verletzte, aus seinem Amt zu entfernen. Wenn die Entlassung für den Minister auch eine „Strafe" darstellte, so war dies nach dem Sinn und Zweck der Ministerverantwortlichkeit doch nur untechnisch zu verstehen. Gegen eine strafrechtliche Behandlungsweise der Ministerverantwortlichkeit sprach weiterhin, daß es in der Praxis nicht möglich war, die einzelnen Verfassungsverletzungen, die ein Minister begehen konnte, und die für die jeweils verwirklichten Tatbestände zu verhängenden Strafen gesetzlich zu normieren. Ein strafrechtlicher Tatbestand, der allgemein die „Verfassungs- oder Gesetzesverletzung" unter Strafe stellte, wäre

---

1 *Bähr*, S. 79 f.; *Bischof*, S. 55; *Hauke*, S. 19; *Mohl*, S. 28 ff.; *Zachariä*, S. 314; *Zöpfl*, S. 410.

2 Vgl. oben 2. Teil I 3.

aber viel zu unbestimmt und würde gegen die Grundsätze des modernen Strafrechts verstoßen, wonach der Tatbestand jedes einzelnen Delikts mit allen Merkmalen genau und eindeutig bestimmt sein mußte[3].

Diese Argumente veranlaßten als ersten *Bluntschli* sich von der strafrechtlichen Theorie abzuwenden. Nach seiner Ansicht war bei der Ministerverantwortlichkeit eine klare Trennung zwischen der strafrechtlichen Verfolgung und der politischen Verantwortlichkeit der Minister vorzunehmen[4]. Damit war die strafrechtliche Vorstellung zwar noch nicht insgesamt abgelehnt. Sie mußte jedoch zum Teil einer *politischen* Betrachtungsweise weichen. Nach amerikanischem Vorbild wurde mit der Ministeranklage jetzt auch nicht mehr eine Bestrafung des Schuldigen, sondern lediglich seine Entfernung aus dem Amt verlangt[5].

Diese Gedanken griff *Samuely* auf und entwickelte aus ihnen eine neue Theorie, wonach die Ministerverantwortlichkeit *disziplinarrechtlicher* Natur sei. Nach Samuelys Ansicht bestand zwischen der Verantwortlichkeit der Minister und der allgemeinen Verantwortlichkeit aller übrigen Staatsdiener kein Unterschied[6]. Inhalt und Zweck der Verantwortlichkeit aller Beamten und damit auch der Minister sei es nämlich, die pflichtgemäße Regierung und Verwaltung zu gewährleisten und den Staat gegen untreue und unfähige Staatsdiener zu schützen[7].

Gegen diese Theorie bestehen allerdings schwerwiegende Bedenken. Der Ministerverantwortlichkeit kann eine gewisse Ähnlichkeit mit den disziplinaren Zwangsmitteln — besonders mit dem der Entfernung aus dem Amt — zwar nicht abgesprochen werden. Die Ansicht von der disziplinaren Betrachtungsweise der Ministerverantwortlichkeit verkennt jedoch das Wesen des Disziplinarrechts, denn sie übersieht, daß Grundlage der Disziplin nie die allgemeine Staatsgewalt, sondern immer das eine Über- und Unterordnung voraussetzende Gewaltverhältnis ist[8]. Damit bedarf es für die Annahme eine disziplinaren Ministerverantwortlichkeit einer vorgesetzten Behörde, d. h.

[3] *Samuely*, S. 42; auch die Anhänger der strafrechtlichen Theorie erkannten zum Teil, daß in den Besonderheiten, die die Ministerverantwortlichkeit gegenüber dem ordentlichen Strafverfahren aufwies, die Schwäche ihrer Auffassung lag (vgl. *Zachariä*, S. 312 Anm. 4).

[4] *Bluntschli*, Statsrecht, S. 160 ff.; *Bluntschli*, Staatswörterbuch, S. 750.

[5] *Bluntschli*, Staatswörterbuch, S. 754; *Schnabel*, Ministerverantwortlichkeit, S. 80.

[6] *Samuely*, S. 50 f., 87 ff.

[7] Die disziplinarrechtliche Theorie vertreten ebenfalls *Anschütz*, S. 127 f.; *van Calker*, S. 80 ff.; siehe auch *Frisch*, S. 172 Anm. 1.

[8] *Frisch*, S. 172; *Hammer*, S. 71; *Pistorius*, S. 182.

eines Dienstherrn. Im konstitutionellen Staat ist aber nicht die Volksvertretung die der Regierung vorgesetzte Behörde[9], denn das „hieße alle Grundlehren des Staatsrechts auf den Kopf stellen“[10]. Dienstherr des Ministers ist vielmehr allein der Souverän.

Nachdem erkannt worden war, daß sowohl eine rein strafrechtliche als auch eine rein disziplinarrechtliche Betrachtungsweise die Ministerverantwortlichkeit nicht voll erfassen konnten, entwickelte sich eine neue Theorie, die in der Ministerverantwortlichkeit ein *staatsrechtliches Strafverfahren* sah[11]. Nach dieser Auffassung, die im Laufe der Zeit die übrigen Theorien verdrängte, handelt es sich bei der Ministerverantwortlichkeit um ein Strafverfahren eigener Art. Dabei wird im Gegensatz zur strafrechtlichen Theorie zu Recht auf den staatsrechtlichen Charakter der Ministerverantwortlichkeit hingewiesen. Damit erfaßt diese Ansicht nicht nur die strafrechtliche, sondern auch die staatsrechtliche Seite der Ministerverantwortlichkeit, die in dem Schutz des Staates gegen Verfassungs- und Gesetzesverletzungen liegt.

VII. Der Zweck der Ministerverantwortlichkeit

Die Rechte des Souveräns und der Volksvertretung sind im konstitutionellen Staat in der Verfassung festgelegt. Da der staatliche Organismus nur funktionieren kann, wenn die Verfassung beachtet wird, sind zu ihrem Schutz verschiedene Garantien entwickelt worden[1]. Diese Garantien zeigen sich darin, daß sowohl dem Souverän als auch der Volksvertretung jeweils über das andere Staatsorgan bestimmte Kontrollrechte zustehen. Der Souverän hat das Recht zur Auflösung des Parlaments, wenn es nach seiner Ansicht die Verfassung verletzt. Mit dieser Befugnis kann der König einen sehr starken und direkten Einfluß auf die Handlungen des Parlaments ausüben. Der Volksvertretung ist dagegen eine unmittelbare Kontrolle der königlichen Entscheidungen nicht möglich, da der Souverän auf Grund des in alle Verfassungen aufgenommenen Grundgesetzes der Unverantwortlichkeit des Staatsoberhaupts nicht zur Verantwortung gezogen werden kann[2]. Als Korrektiv für diese „juristisch widersinnige Stel-

---

9 *Maurer*, S. 39.

10 *Passow*, S. 17.

11 *Frisch*, S. 178; *Gundlach*, S. 57; *Hammer*, S. 73; *Kaufmann*, S. 91 Anm. 14; *Krieghoff*, S. 17; *Linde*, S. 68 f.; *Meyer / Anschütz*, S. 803; *Pistorius*, S. 179, 182 ff.; *Putzrath*, S. 39; *Rehm*, S. 328 ff.; *Schneider*, S. 18; *Würdemann*, S. 10.

1 *Gerber*, S. 190 ff.; *Hammer*, S. 74.

2 Zu den Auswirkungen des Konstitutionalismus auf den Begriff der „Regierung“ ausführlich *Frotscher*, S. 105 ff.

lung des obersten Staatsorgans"[3] ist das Institut der Ministerverantwortlichkeit geschaffen worden. Es ist damit ein Ausfluß des dem Parlament über den Souverän zustehenden Kontrollrechts[4]. Der Zweck der Ministerverantwortlichkeit liegt also darin, daß sie die Unverantwortlichkeit des Staatsoberhaupts gegenüber den Kontrollrechten der Volksvertretung entkräftet[5]. Mit der Errichtung einer besonderen Verantwortlichkeit der Minister wird außerdem der Zweck verfolgt, dem Parlament ein Mittel in die Hand zu geben, mit dem dieses Staatsorgan die Einhaltung der Gesetze, insbesondere der Verfassung, erzwingen kann[6].

Dagegen wird mit dem Institut der Ministerverantwortlichkeit nicht das Ziel verfolgt, die individuellen Rechte der einzelnen Staatsbürger zu schützen[7]. Die Volksvertretungen sind in einigen wenigen Bundesstaaten zwar befugt, eine Ministeranklage auch bei Verletzung von Rechten der Staatsbürger zu erheben[8]. Doch selbst dann wird der einzelne nur indirekt geschützt. Regelmäßig hat er selbst keinen Anspruch auf eine Klageerhebung durch die Volksvertretung, so daß von einem Schutz seiner individuellen Rechte nicht die Rede sein kann. Die Individualrechte kann nur eine unabhängige Verwaltungsgerichtsbarkeit gewährleisten[9].

Möglichkeiten und Grenzen der Einwirkungen von Volksvertretungen auf den Landesherrn und auf seine Regierung sollen nun im einzelnen am Beispiel der Verfahren gegen den Minister für die Herzogtümer Holstein und Lauenburg von Scheele geschildert werden.

---

[3] *Frisch*, S. 183.

[4] *Pistorius*, S. 172.

[5] *Buddeus*, S. 5; *Frisch*, S. 183; *Gundlach*, S. 24; *Hammer*, S. 74; *Wippermann*, S. 49 f.

[6] *Dallinger*, S. 63; *Frisch*, S. 184; *Hauke*, S. 24 f.; *Samuely*, S. 65 ff.

[7] *Dallinger*, S. 62 Anm. 54; *Frisch*, S. 185; *Köbrich*, S. 64; *Linde*, S. 45; *Meyer / Anschütz*, S. 802.

[8] Vgl. § 113 des Grundgesetzes über die landständische Verfassung des Großherzogthums Sachsen-Weimar-Eisenach vom 5. Mai 1816 (abgedruckt bei *Pölitz*, Bd. 1, 2. Abt., Nr. 14 c — S. 758 ff.; vgl. oben 2. Teil I 4); § 49 des revidierten Grundgesetzes über die Verfassung des Großherzogthums Sachsen-Weimar-Eisenach vom 15. Oktober 1850 (Reg. Bl. 1850, 615 ff); Art. 200 § 1 b des Staatsgrundgesetzes für das Großherzogthum Oldenburg vom 22. November 1852 (Old. GS 1852, 141 ff.).

[9] *Frisch*, S. 185; *Meyer / Anschütz*, S. 802; zur Einführung der Verwaltungsgerichtsbarkeit ausführlich *von Unruh* DVBl. 1975, 838 ff.

Dritter Teil

Die Verfahren gegen den Minister von Scheele

I. Der Werdegang des Ludwig Nicolaus von Scheele

Die Vorfahren Ludwig Nicolaus von Scheeles stammen aus der Schweiz. Von dort ist der Oberst *Heinrich Scheele*, der 1634 in der Schlacht von Schwabstedt fiel, im Jahre 1627 nach Dänemark eingewandert[1]. In der Folgezeit waren die Vorfahren Scheeles meist als Beamte oder Soldaten im Dienste des Königs tätig[2].

Scheeles Vater *Bendix Ferdinand* (1749 - 1827) war ebenfalls zunächst Soldat und ließ sich später in Itzehoe nieder. Dort wurde er zum Zoll- und Stempelpapierverwalter bestellt. Aus seiner Ehe mit *Martha Charlotte Elisabeth Wiebel* (1760 - 1837) gingen 14 Kinder hervor.

Ludwig Nicolaus von Scheele wurde als zehntes Kind am 14. Oktober 1796 in Itzehoe geboren und in Uetersen und Rendsburg aufgezogen. Von 1813 bis 1815 besuchte er das Gymnasium in Hamburg[3]. Im Sommersemester 1816 schrieb von Scheele sich dann an der Kieler Universität als Student der Rechtswissenschaft ein. Im Jahre 1817 ging er nach Göttingen, und ein Jahr später finden wir ihn an der Heidelberger Universität wieder. Dort lernte er auch den Herzog *Christian August von Schleswig-Holstein-Augustenburg* kennen, der bald zu seinen näheren Freunden zählte[4]. Diese Verbindung wurde von Scheele gepflegt und zerbrach erst Ende der dreißiger Jahre, als der Herzog eine immer entschiedenere Haltung gegen Dänemark einnahm[5]. Im Jahre 1821 beendete Ludwig Nicolaus von Scheele sein Studium und legte das juristische Staatsexamen mit dem zweiten Charakter der Glücksstadt ab[6]. Die folgenden Jahre verbrachte von

---

[1] *Trap*, S. 226.

[2] Danmarks Adels Aarbog, Bd. 10, S. 423 ff.; entgegen der von *Francke* (Die Herzogtümer Juli 1856, S. 32) und *Jansen / Samwer* (S. 29 Anm. 1) vertretenen Ansicht entstammt von Scheele damit nicht einer aus dem Herzogtum Hannover ausgewanderten Familie. Sein Großvater *Giord Heinrich* wurde vielmehr am 28. November 1706 in Kopenhagen geboren und bildete die vierte Generation der Familie in Dänemark.

[3] *Engelstoft*, DBL, Bd. 21, S. 94.

[4] *Gebauer*, S. 35, 182.

[5] *Engelstoft*, DBL, Bd. 21, S. 94.

Scheele zunächst als Volontär und seit dem 6. Januar 1824 als Auscultant in der Rentekammer. Am 14. April 1827 wurde er dann *Amtmann* im Amt *Hütten* und in der Landschaft Stapelholm. Genau vier Jahre später erhielt er die Anstellung zum Amtmann von *Gottorf* und *Oberdirektor* für *Kappeln*[7]. Am 9. Juli 1841 wurde er außerdem wieder Amtmann in Hütten und in der Landschaft Stapelholm[8].

Durch seine hervorragenden Leistungen in diesen verantwortlichen Stellungen empfahl sich von Scheele für höhere Aufgaben. Hinzu kam, daß er als Politiker, obwohl deutsch erzogen, für einen starken Gesamtstaat, in dem jeder Nationalität gewisse Rechte und Eigenständigkeiten erhalten bleiben sollten, eintrat. So überraschte es nicht, als König *Christian VIII.* ihn am 7. September 1846 zum Präsidenten der schleswig-holsteinischen Regierung ernannte. Außerdem wurden ihm am 14. September 1846 die Aufgaben der Statthalterschaft übertragen, da ein Nachfolger für den aus dem Amte des Statthalters scheidenden *Prinzen von Noer* nicht ernannt worden war. Den ersten Höhepunkt seiner politischen Karriere erreichte von Scheele dann, als er am 12. Oktober 1846 auch noch zum Königlichen Kommissar in der sechsten Schleswigschen Ständeversammlung bestellt wurde.

Durch sein kräftiges Auftreten gegenüber den Schleswig-Holsteinern, welches in den Kontroversen mit der sechtsten Schleswigschen Ständeversammlung besonders deutlich zum Ausdruck kam[9], erwarb sich von Scheele schnell das besondere Vertrauen des Königs. Auch der Kronprinz *Friedrich*, dem er im Jahre 1847 mehrfach über die politische Lage in den Herzogtümern berichtete[10], sprach ihm Anerkennung für geleistete Dienste aus und wünschte, daß von Scheele dem Gesamtstaat noch viele Jahre dienen könne[11]. Wie sich später zeigen wird, sollte das noch vor der Erhebung der Herzogtümer im Jahre 1848 begründete gute Verhältnis zu dem späteren König Friedrich VII. von Scheeles politischen Werdegang in den fünfziger Jahren nachdrücklich beeinflussen.

In den Herzogtümern wurde von Scheele dagegen bald zu einem der meistgehaßten Männer. Deshalb war das Verlangen, er solle von allen Ämtern zurücktreten, auch eine der Hauptforderungen der

---

[6] *Alberti*, I, S. 322 (Nr. 1857); *Rosenkranz*, S. 188.

[7] LAS Abt. 168 Nr. 17.

[8] LAS Abt. 168 Nr. 17.

[9] Schl. Ständezeitung 1846; vgl. auch *Gebauer*, S. 184 ff.; *Schleiden*, S. 189 ff.

[10] *von Scheele* an Kronprinz *Friedrich*, 26. Januar 1847; 2. Februar 1847; 5. Oktober 1847; 21. November 1847 (RAK Arkivnr. 6280, Nachlaß *von Scheele*).

[11] Kronprinz *Friedrich* an *von Scheele*, 30. Januar 1847; 5. Oktober 1847; 21. November 1847 (RAK Arkivnr. 6280, Nachlaß *von Scheele*).

Schleswig-Holsteiner im März 1848[12]. Diesem Verlangen gab Friedrich VII. nach und entließ von Scheele am 31. März 1848.

Nach seiner Entlassung lebte von Scheele ein paar Jahre in Kopenhagen. Während dieser Zeit verfaßte er neben mehreren Zeitungsbeiträgen auch zwei größere Schriften.

In dem *„Zeugnis, abgefordert von dem Kirchenprobsten Nielsen"* gab von Scheele lediglich einen kurzen Rückblick auf die Jahre vor der Erhebung[13] und beschränkte sich im übrigen auf die Beantwortung der ihm von dem Kirchenprobsten *Nielsen* in der Schrift *„Materialien zu einer Appellation für Schleswig-Holstein und dessen Geistlichkeit"* vorgelegten Frage[14].

Die in zwei Teilen in den Jahren 1850 und 1851 erschienen *„Fragmente in zwanglosen Heften"* enthalten dagegen allgemeine Ausführungen zu aktuellen staats- und verwaltungsrechtlichen Problemen des dänischen Gesamtstaates.

Im ersten Heft gibt von Scheele einmal zwei in den Jahren 1848 und 1849 im Auftrage der dänischen Regierung erstellte Berichte, die die Möglichkeiten einer Reorganisation der Verwaltung im Herzogtum Schleswig betreffen, im Wortlaut wieder[15]. Beide Denkschriften zeigen, daß von Scheele nicht nur ein in der Praxis erfahrener Verwaltungsfachmann war, sondern lassen darüberhinaus erkennen, daß er auch als Politiker die Grenzen des jeweils Machbaren erkannte.

Das erste Heft der „Fragmente" enthält außerdem die von Scheele bereits 1849 entworfenen *„Grundzüge für die Motivierung eines Verfassungsentwurfs für die Dänische Monarchie"*[16]. Danach sollten sowohl das Königreich Dänemark als auch jedes einzelne Herzogtum nach dem gleichen Wahlrecht eine „Landesversammlung in zwei Kammern" erhalten[17]. Aus diesen Kammern war dann der Reichstag zu wählen, der über die gemeinsamen Angelegenheiten der Monarchie, die in § 5 des Entwurfs einzeln aufgezählt sind, zu beraten und zu beschließen hatte[18]. Den Landesversammlungen der einzelnen Herzogtümer verblieb damit neben der Wahl der Reichstagsmitglieder nur die Aufgabe, an Gesetzgebungsvorhaben, die lediglich die Sonderinteressen des jeweiligen Herzogtums betrafen, mitzuwirken.

---

12 *Schleiden*, Erinnerungen, S. 262.

13 *von Scheele*, Zeugnis, S. 6 ff.

14 *von Scheele*, Zeugnis, S. 15 ff.

15 *von Scheele*, Fragmente, S. 20 ff.; 30 ff.

16 *von Scheele*, Fragmente, S. 69 ff.

17 *von Scheele*, Fragmente, S. 77 (§ 6 des Verfassungsentwurfs).

18 *von Scheele*, Fragmente, S. 75 - 79 (§§ 5, 7, 9 des Verfassungsentwurfs).

Dieser Verfassungsentwurf, in dem bereits alle Elemente vorhanden sind, die sich später in der zweiten Gesamtstaatsverfassung vom 2. November 1855 wiederfinden, weist von Scheele als einen Verfechter des konstitutionellen Gesamtstaates aus. Damit kann er nicht als ein Mitläufer der Opposition gegen die erste Gesamtstaatsverfassung vom 26. Juli 1854[19] bezeichnet werden, der ohne Rücksicht die Gunst der Stunde nutzt, um wieder zu politischer Macht zu gelangen. Von Scheeles Widerstand gegen die konservative erste Gesamtstaatsverfassung des Ministeriums *Ørsted* ergibt sich vielmehr schon aus dem von ihm im Jahre 1849 niedergeschriebenen Verfassungsentwurf.

In dem zweiten Heft der „Fragmente" setzt sich von Scheele zunächst ausführlich mit den komplizierten Fragen der Thronfolge auseinander[20]. Außerdem geht er mit scharfen Worten gegen die dänische Sprachenpolitik in Schleswig vor[21] und gibt schließlich einige kritische Anmerkungen zu einem in der offiziellen Departmentszeitung abgedruckten Plan für die Ordnung der dänischen Monarchie[22].

Im August 1850 eröffnete sich für von Scheele die Möglichkeit, endlich wieder in den aktiven Staatsdienst zurückzukehren. Er nahm die ihm von dem Regierungskommissar für das Herzogtum Schleswig *Tillisch* angebotene Stelle eines Amtsmanns für mehrere Ämter im südlichen Teil des Herzogtums Schleswig jedoch nicht sofort an, sondern wollte sich durch eine Reise in den betreffenden Landesteil zunächst ein Bild über die dort herrschenden tatsächlichen Verhältnisse machen. Hierbei stellte er fest, daß sich der größte Teil des von ihm zu verwaltenden Distrikts noch in den Händen der *„Insurgenten"* befand und damit von jeglicher Verwaltung ausgeschlossen war, während im übrigen Gebiet die dänische Armee ihre Stellungen bezogen hatte. Von Scheele lehnte deshalb das ehrenvolle Angebot ab, da es nach seiner „gewissenhaften Überzeugung" auch in dem unter dänischer Herrschaftsgewalt stehenden Gebietsteil „für eine Civilverwaltung fast absolut an Raum fehlen würde"[23].

Danach verbrachte von Scheele noch etwa 1½ Jahre in Kopenhagen und später in Schleswig, bis er am 10. Juni 1852 zum *Landdrosten* in der Herrschaft Pinneberg ernannt wurde. Die nun beginnende zweite Karriere als Verwaltungs- und Staatsmann führte ihn schnell in höchste Staatsämter. Nachdem er das am 5. Januar 1853 erlangte

[19] Zu den Gesamtstaatsverfassungen vgl. oben 1. Teil III 4.

[20] *von Scheele*, Fragmente, S. 89 ff.

[21] *von Scheele*, Fragmente, S. 193 ff.

[22] *von Scheele*, Fragmente, S. 228 ff.

[23] *von Scheele* an *Tillisch*, 9. September 1850 (abgedruckt in *von Scheele*, Fragmente, S. 189 ff.).

Mandat als *Ständedeputierter* für den neunten städtischen Distrikt in der siebenten schleswigschen Ständeversammlung sogleich wieder niedergelegt hatte, wurde von Scheele durch Patent vom 14. August 1853 zum *Königlichen Kommissar* für die siebente Holsteinische Provinzialständeversammlung ernannt[24].

Aus den Protokollen der Ständeversammlung geht hervor, daß von Scheele die Vorlagen der Regierung mit großem Einsatz gegen die opponierenden Ständemitglieder vertrat. Besonders die Beratungen über den Verfassungsentwurf für das Herzogtum Holstein und das heftig bekämpfte Patent, betreffend die Münzangelegenheiten[25], in denen von Scheele mehrfach das Wort ergriff[26], weisen ihn als einen guten Debattenredner aus und zeigen, daß er sich auch gegen eine Vielzahl von Gegnern verteidigen konnte[27].

Nach Beendigung der siebenten Holsteinischen Provinzialständeversammlung kehrte von Scheele in die Herrschaft Pinneberg zurück und widmete sich wieder voll seinen Aufgaben als Landdrost. Die Gelegenheit, in der dänischen Politik wieder maßgeblich mitzubestimmen, bot sich von Scheele dann bereits im Herbst 1854. Zu dieser Zeit unternahm der dänische König Friedrich VII., der noch unter dem Eindruck der starken Opposition gegen die erste Gesamtstaatsverfassung stand, eine Reise durch die Herzogtümer. In Holstein konferierte er u. a. mit von Scheele. Die dabei festgelegten Richtlinien einer neuen Politik wurden maßgeblich durch die ehrgeizige morganatische Gemahlin des Königs, *Gräfin Danner*, bestimmt, die zusammen mit ihrem Günstling von Scheele einen starken Einfluß auf den willensschwachen König ausübte[28]. Nach Abschluß der Unterredungen wurde von Scheele beauftragt, in Berlin die Einstellung der preußischen Regierung zu einem geplanten Ministerwechsel einzuholen. Da Preußen keine Einwände erhob, entließ der König das Ministerium Ørsted, daß eine Änderung seiner Politik zuvor abgelehnt hatte[29].

Auf die Einzelheiten der Scheeleschen Politik als Minister für die Herzogtümer Holstein und Lauenburg im Kabinett *Bang* wird später im Rahmen der Prüfung der Beschwerde an den König und der Minister-

---

24 Holst. GMinBl. 1853 Nr. 91.

25 Dieser Entwurf wurde von der Ständeversammlung mit 43 gegen 1 Stimme abgelehnt (Holst. Ständezeitung 1853, Sp. 911).

26 Holst. Ständezeitung 1853, Sp. 799 ff., 842 ff., 846, 924 ff.

27 Vgl. *Burchardi*, Lebenserinnerungen, S. 144 ff.

28 *Beseler*, S. 139; *Jansen / Samwer*, S. 29; *Skovmand / Dybdahl / Rasmussen*, S. 124 f.

29 Statsraadets Forhandlinger, Bd. VI, S. 167 f.; *Neergaard*, Riges Historie, S. 48 f.; *Engelstoft*, DBL, Bd. 21, S. 95.

anklage, die beide aus den Beratungen der achten Holsteinischen Provinzialständeversammlung hervorgegangen sind, einzugehen sein.

II. Die achte Holsteinische Provinzialständeversammlung

Am 27. Dezember 1855 trat die achte Holsteinische Provinzialständeversammlung auf Grund des Einberufungspatents vom 3. Dezember 1855[1] in Itzehoe zusammen. Nicht nur in den Herzogtümern, sondern auch in Deutschland war man gespannt, ob die Stände es wagen würden, sich über die in der Holsteinischen Spezialverfassung vom 11. Juni 1854 und in der zweiten Gesamtstaatsverfassung vom 2. Oktober 1855 festgelegten staatsrechtlichen Verhältnisse des Herzogtums zu der dänischen Gesamtmonarchie zu äußern. Es wurde vor allen Dingen erwartet, daß sich die Ständeversammlung für eine nach dem Erlaß der zweiten Gesamtstaatsverfassung nicht mehr gegebene selbständige und gleichberechtigte Stellung des Herzogtums im dänischen Gesamtstaat einsetzen würde.

1. Parteibildungen in der Ständeversammlung

In der achten Holsteinischen Provinzialständeversammlung gab es keine Parteien im eigentlichen Sinne. Die Sitzungsprotokolle zeigen aber, daß die Ständemitglieder in ihrer Gesamtheit keine einheitliche Politik vertraten, sondern verschiedenen politischen Strömungen angehörten.

Die weitaus stärkste Gruppe stellten die Anhänger einer *gesamtstaatlich-konservativen* Politik dar. Ihre Vertreter, die hauptsächlich aus der Ritterschaft kamen, wollten die alten Landesrechte Schleswig-Holsteins gegen den dänischen Nationalismus verteidigen. Deshalb kämpften sie für die Gleichberechtigung der einzelnen Landesteile unter einem absoluten unparteiischen König[2].

Die führenden Vertreter dieser Gruppe waren die Grafen *Reventlow-Farve*[3] und *Reventlow-Jersbeck*[4], der Baron *von Blome-Heiligenstedten*[5] und der von den Prälaten und der Ritterschaft erstmals in die Ständeversammlung gewählte Oberpräsident von Altona *Carl Baron von Scheel-Plessen*[6]. Letzterer entstammte einer alten ritter-

1 Holst. GMinBl. 1855 Nr. 181.

2 *Møller*, S. 109 f., 120.

3 *Alberti*, I, S. 261 (Nr. 1755); *Rosenkranz*, S. 176; *Reventlow*, S. 81 (§ 104).

4 *Rosenkranz*, S. 177 f.; *Reventlow*, S. 84 (§ 117); *Larsen (Hiort / Lorenzen)*, DBL, Bd. 19, S. 461 f.

5 *Rosenkranz*, S. 22; *Larsen (Thorsøe)*, DBL, Bd. 3, S. 301 f.

6 *Alberti*, II, S. 209 f.; *Boysen* QuFGSH 19 (1938), S. 5 ff.; *Rosenkranz*, S. 187 f.; *Friis*, DBL, Bd. 21, S. 87 ff.

schaftlichen Familie, die vor allen Dingen in Dänemark über umfangreiche Güter verfügte. Nachdem Scheel-Plessen zunächst in verschiedenen amtlichen Stellungen die Interessen des Gesamtstaates wahrgenommen hatte, trat er Mitte der fünfziger Jahre zur holsteinischen Opposition über und wurde bei seinem Eintritt in die Ständeversammlung sogleich zu ihrem Präsidenten gewählt. Die Abstimmung — Scheel-Plessen erhielt 26 von 46 Stimmen — machte allerdings deutlich, daß viele Ständemitglieder ihm wegen seines Eintretens für den Gesamtstaat in der Vergangenheit nicht recht trauten. Durch eine geschickte Führung der Ständeverhandlungen und ein bestimmtes Auftreten gegenüber dem Königlichen Kommissar gelang es Scheel-Plessen jedoch in kurzer Zeit, seine Gegner von der Redlichkeit seiner Opposition gegen die dänische Politik zu überzeugen und das Vertrauen aller Ständemitglieder zu erwerben[7]. Dies zeigte sich vor allen Dingen in der jeweils einstimmigen Wiederwahl zum Präsidenten in den folgenden Ständeversammlungen[8].

Außer dieser gesamtstaatlich-konservativen Gruppe gab es in der Ständeversammlung einige Mitglieder, die eine *national-liberale* Politik *dänischer* Prägung vertraten. Unter Führung des Abgeordneten *Ludolf Conrad Hannibal Bargum*[9] setzten sie sich für die Ziele der dänischen Politik in Holstein ein und stellten damit „die beste Hilfe für den Kommissar" in der Ständeversammlung dar[10]. Diese Gruppierung bildete jedoch eine Minderheit in der Ständeversammlung und konnte in den entscheidenden Abstimmungen nie mehr als sechs bis sieben Stimmen erreichen.

Ansätze einer *national-liberalen* Politik *deutscher* Prägung lassen sich in der achten Holsteinischen Provinzialständeversammlung dagegen nicht feststellen. Diese Strömung, die zusammen mit den Vertretern der gesamtstaatlich-konservativen Richtung Träger der Erhebung von 1848 gewesen war, sollte die politische Bühne erst in späteren Ständeversammlungen wieder betreten. Dies lag einmal daran, daß ihre führenden Vertreter wie die Gebrüder *Justus*[11] und *Theodor Olshausen*[12] und *Wilhelm Hartwig Beseler*[13] nach dem erfolglosen Verlauf der Erhebung das Land verlassen und sich von der

---

[7] *Tiedemann*, S. 216.

[8] Holst. Ständezeitung 1857, Sp. 5; 1859, Sp. 7; 1861, Sp. 6; 1863, Sp. 6.

[9] *Alberti*, I, S. 29 (Nr. 85); *Larsen*, DBL, Bd. 2, S. 168.

[10] *Otto Jensen* an *Samwer*, Anfang Januar 1856 (LAS Abt. 399 Nachlaß *Samwer* Nr. 91); *Rautenberg*, Nr. 22.

[11] *Alberti*, I, S. 145 f. (Nr. 1541).

[12] *Alberti*, I, S. 147 f. (Nr. 1543); *Fabricius*, DBL, Bd. 17, S. 453 f.

[13] *Alberti*, I, S. 50 f. (Nr. 125); *Larsen (Hiort / Lorenzen)*, DBL, Bd. 2, S. 556 ff.; *Huber*, Verfassungsgeschichte II, S. 667 Anm. 27; eine ausführliche Schilderung von *Beselers* Lebensweg gibt *Schweickhart* QuFGSH 12 (1927).

aktiven Politik zurückgezogen hatten. Zum anderen hemmten die gescheiterten Freiheits- und Einheitsbestrebungen in Deutschland, die Bestandteil und Rückhalt dieser Politik gewesen waren, deren Wiedererstarken.

In der achten Holsteinischen Provinzialständeversammlung gab es also zwei politische Gruppierungen: die gesamtstaatlich-konservative unter Führung Scheel-Plessens und die nationalliberale dänischer Prägung um den Abgeordneten Bargum.

2. Die Verhandlungen in der Ständeversammlung

Der Königliche Kommissar Amtmann *von Levetzau* eröffnete die Verhandlungen im Itzehoer Ständehaus[14] mit einer maßvollen Rede, in der er sich bemühte, die Meinungsverschiedenheiten zwischen der Ständeversammlung und der dänischen Regierung, die besonders in der siebenten Provinzialständeversammlung deutlich zu Tage getreten waren, herunterzuspielen. Er deutete außerdem an, daß die Wünsche und Anträge früherer Ständeversammlungen in den Gesetzentwürfen, die er der Versammlung vorlegen werde, eine „ausgedehnte Berücksichtigung" gefunden hätten[15].

Als der Präsident Scheel-Plessen jedoch bereits am folgenden Tage in der zweiten Sitzung vor dem Eintritt in die Tagesordnung den Eingang einer Proposition des Abgeordneten von Blome, die eine Beschwerde gegen den Minister von Scheele zum Inhalt hatte, bekanntgab, war offenbar, daß die Ständemitglieder nicht gewillt waren, ihre Opposition gegen die dänische Politik im Herzogtum Holstein ohne weiteres aufzugeben.

a) Die Proposition des Abgeordneten von Blome

aa) Die Einbringung der Proposition

Die von dem Abgeordneten von Blome eingereichte Proposition hatte zunächst folgenden Wortlaut:

„Die Provinzialständeversammlung beschließt, auf Grund des § 17 des Verfassungsgesetzes, über verschiedene, während der interimistischen Verwaltung des Holsteinischen Ministeriums getroffene Maßregeln und Einrichtungen Allerhöchsten Orts Beschwerde zu führen und Abhülfe zu beantragen[16]."

---

[14] *Møller* (S. 12) schildert sehr eindrucksvoll die Lage des Ständehauses in Itzehoe und die Atmosphäre in dem Tagungsraum.

[15] Holst. Ständezeitung 1855/56, Sp. 4.

[16] Holst. Ständezeitung 1855/56, Sp. 10.

Gegen die Form dieser Proposition wurden jedoch in der Ständeversammlung sofort Bedenken laut. Vor allen Dingen der Königliche Kommissar wies darauf hin, daß die allgemeine und unbestimmte Fassung des Vorschlages nach seiner Ansicht gegen § 63 Satz 1 des Anhangs Litr. A. der Verordnung, betreffend die Verfassung des Herzogtums Holstein vom 11. Juni 1854[17] verstoße. Nach dieser Vorschrift müsse die Proposition nämlich in der Form des beabsichtigten Beschlusses schriftlich abgefaßt werden. Diesen Anforderungen genüge der vorliegende Antrag aber nicht, da sich dessen unbestimmte Fassung nicht zu einem Beschlusse eigne. Aus diesem Grunde sei die Proposition unzulässig und dürfe nicht auf die Tagesordnung gesetzt werden[18].

Die rechtlichen Ausführungen des Königlichen Kommissars bieten zwar keinen Anlaß zur Kritik. Durch sein frühzeitiges energisches Einschreiten zeigte Levetzau aber, daß er sofort erkannt hatte, welchen politischen Zündstoff der Antrag des Abgeordneten von Blome beinhaltete. Sein Versuch, die Proposition bereits jetzt zu Fall zu bringen, scheiterte jedoch, da der Präsident Scheel-Plessen einfach erklärte, daß er den Antrag des Abgeordneten von Blome noch gar nicht auf die Tagesordnung gesetzt, sondern dessen Eingabe nur angezeigt habe. Deshalb läge kein Verstoß gegen § 63 des Anhangs Litr. A. der Verordnung, betreffend die Verfassung des Herzogtums Holstein vor, wenn der Abgeordnete von Blome die Proposition zurücknehmen und anschließend in neuer Fassung wieder einbringen würde[19].

Gegen diesen Vorschlag des Präsidenten erhoben sich keine Bedenken. Daraufhin reichte der Abgeordnete von Blome noch in der gleichen Sitzung eine neue Proposition mit folgendem Wortlaut ein:

„Die Provinzialständeversammlung beschließt: auf Grund des § 17 des Verfassungsgesetzes, über das Verfahren des Ministers für Holstein, während dessen interimistischer Verwaltung des Herzogthums, namentlich über die verfügte Entlassung mehrerer hohen Beamten und über die in verschiedenen Districten des Landes ohne Genehmigung der Stände vollzogenen neuen Einrichtungen Allerhöchsten Orts Beschwerde zu führen und Abhülfe zu beantragen[20]."

Die zweite Fassung der Proposition wurde ohne Widerspruch auf die Tagesordnung gesetzt.

---

[17] Holst. GMinBl. 1854 Nr. 111.

[18] Holst. Ständezeitung 1855/56, Sp. 13; Bericht des Königlichen Kommissars an den Minister *von Scheele* vom 29. Dezember 1855, betreffend die dritte Sitzung der Holsteinischen Provinzialständeversammlung (LAS Abt. 63 Nr. 1083).

[19] Holst. Ständezeitung 1855/56, Sp. 14.

[20] Holst. Ständezeitung 1855/56, Sp. 17, 18.

bb) Die Begründung der Proposition

In der vierten Sitzung am 31. Dezember 1855 erhielt dann zunächst der Abgeordnete von Blome das Wort, um seine Proposition zu begründen (vgl. § 63 Satz 3 des Anhangs Litr. A. der Verordnung, betreffend die Verfassung des Herzogtums Holstein).

Nach einigen allgemeinen Ausführungen über die schlechte Lage des Herzogtums Holstein im dänischen Gesamtstaat wandte er sich dem ersten Hauptpunkt — der Entlassung mehrerer hoher Beamter ohne Angabe von Gründen — zu. Zwar bestritt der Abgeordnete von Blome das Vorrecht des Königs, die Beamten jederzeit entlassen zu können, nicht[21]. Er wies aber darauf hin, daß der Minister von Scheele als Königlicher Kommissar der siebenten Holsteinischen Provinzialständeversammlung selbst erklärt habe, es gebe moralische Garantien dafür, daß das Recht des Königs auf Entlassung der Beamten nicht mißbraucht werde[22]. Diese Garantien habe von Scheele, nachdem er Minister für die Herzogtümer Holstein und Lauenburg geworden sei, aber nicht mehr beachtet, sondern dem König die Entlassung mehrerer hoher Beamter allein aus persönlichen und politischen Gründen angeraten[23].

Der zweite Hauptpunkt der Beschwerde betraf Maßregeln des Ministers von Scheele in der Herrschaft Pinneberg und in den Ämtern Kiel, Kronshagen und Bordesholm. Diese Maßnahmen beinhalteten nach Ansicht des Abgeordneten von Blome einen Verstoß gegen die §§ 11 und 13 der Holsteinischen Verfassung und reichten aus, den Minister vor dem Oberappellationsgericht anzuklagen. Der Baron von Blome entschied sich aber für den Weg der Beschwerde an den König, da der Minister von Scheele „die Macht hätte, das Collegium, welches über ihn urtheilen soll, aufzulösen und nach Gefallen wieder zusammenzusetzen“[24].

Zum Abschluß seines Vortrages beantragte der Abgeordnete von Blome die Wahl eines Ausschusses, der die Proposition prüfen sollte.

cc) Die Diskussion über die Bildung eines Ausschusses

Nach der Begründung der Proposition nahm der Königliche Kommissar, der gem. § 45 Abs. 1 Satz 1 des Anhangs Litr. A der Verordnung, betreffend die Verfassung des Herzogtums Holstein in allen

---

[21] Holst. Ständezeitung 1855/56, Sp. 23.

[22] Holst. Ständezeitung 1855/56, Sp. 22; die Ausführungen *von Scheeles* befinden sich in der Holst. Ständezeitung 1853, Sp. 592.

[23] Holst. Ständezeitung 1855/56, Sp. 23.

[24] Holst. Ständezeitung 1855/56, Sp. 26.

Sitzungen jederzeit das Wort ergreifen kann, sofort zu den Ausführungen des Proponenten von Blome Stellung[25].

Levetzau ging zunächst auf formelle Fragen ein und erklärte, daß auch der soeben begründete zweite Antrag zu unbestimmt gefaßt sei. Er wies außerdem darauf hin, daß § 17 der Holsteinischen Verfassung keine Beschwerde gegen den Minister, sondern nur gegen bestimmte Verwaltungsmaßregeln zulasse. Schon auf Grund dieser formellen Mängel sprach sich Levetzau gegen die Wahl eines Ausschusses aus[26]. Auf die Beschwerdepunkte im einzelnen eingehend erklärte der Königliche Kommissar dann, daß die Entlassung von Beamten als Ausfluß der souveränen Staatsgewalt angesehen werden müsse. Da der Versammlung zudem die Gründe für die Entlassung einiger Beamter nicht bekannt seien, könne die Beschwerde hierauf auch nicht gestützt werden[27]. Anschließend sprach Levetzau kurz die im Zusammenhang mit der Beschwerde gegen verschiedene Maßregeln des Ministers auftauchenden Rechtsfragen an[28]. Auch in diesen Punkten hielt er die Beschwerde für unbegründet[29].

Nachdem die Abgeordneten *Bargum* gegen und *Friederici* für die Proposition gesprochen hatten[30], entschied sich in der Abstimmung *„eine bedeutende Majorität"* der Ständemitglieder für die Bildung eines Ausschusses zu dessen Mitgliedern sie die Abgeordneten *von Blome, Reincke* und *Friederici* wählte[31].

dd) Der Ausschußbericht

In der 15. Sitzung der Holsteinischen Provinzialständeversammlung am 28. Januar 1856 verlas der Abgeordnete Reinecke den in der Zwischenzeit gefertigten Ausschußbericht. Dieser Bericht war, wie die Korrespondenz zwischen *Karl Samwer* und den Gebrüdern *Jensen* zeigt, jedoch nicht von den Ausschußmitgliedern allein erstellt worden. Vielmehr hatte sich der Baron von Blome an den Oberappella-

---

25 Welch große Bedeutung der Königliche Kommissar der Proposition beimaß, ergibt sich insbesondere aus seinem Bericht an den Minister *von Scheele* über die vierte Sitzung der Holsteinischen Provinzialständeversammlung vom 31. Dezember 1855, in dem *Levetzau* aus Zeitgründen ausnahmsweise sogar auf die Wiedergabe seines eigenen Vortrages verzichtete (LAS Abt. 63 Nr. 1083).

26 Holst. Ständezeitung 1855/56, Sp. 27.

27 Holst. Ständezeitung 1855/56, Sp. 28.

28 Eine eingehende Erörterung dieser Problematik soll im Rahmen der Anklage gegen den Minister von Scheele erfolgen.

29 Holst. Ständezeitung 1855/56, Sp. 28 ff.

30 Holst. Ständezeitung 1855/56, Sp. 33 ff.

31 Holst. Ständezeitung 1855/56, Sp. 38.

tionsgerichtsrat *Jacob Gustav Malmros*[32] mit der Bitte gewandt, ihm den Bericht zu entwerfen oder wenigstens bei dessen Abfassung zu helfen. Malmros lehnte dieses Ansinnen unter Hinweis auf seine Stellung als Oberappellationsgerichtsrat jedoch ab, da er befürchtete, daß die Proposition sich zu einer Anklage gegen den Minister von Scheele entwikkeln könne[33]. Der Abgeordnete von Blome bat daraufhin Otto Jensen, der ihm von Malmros empfohlen worden war, diese Aufgabe zu übernehmen. Der dann von Otto Jensen ausgearbeitete Bericht forderte allerdings nicht eine Beschwerde an den König, sondern die Anklage des Ministers[34].

Diesem Votum schlossen sich die Ausschußmitglieder aber nur zum Teil an. Zwar empfahlen sie der Ständeversammlung, den Minister gem. § 14 der Holsteinischen Verfassung anzuklagen. Neben der Anklage rieten sie jedoch außerdem, eine Beschwerde an den König zu richten.

Otto Jensen, der die Anklage der Beschwerde vorgezogen hatte, „weil dieselbe verfassungsmäßig und weitergreifend ist“[35], sah in der Abänderung seines Berichts eine Abschwächung über die er sehr verärgert war[36].

Die endgültige Fassung des Berichts untergliederten die Ausschußmitglieder in drei Teile. Nach einer Einleitung, in der die Beschwerdepunkte einzeln aufgezählt werden[37], gehen sie zunächst auf die Beschwerde gegen den Minister ein. Diese stützen sie neben den bereits erwähnten Entlassungen mehrerer hoher Beamter außerdem auf die Ernennung eines Offiziers zum Universitätskurator und auf die Veränderung der Münzverhältnisse im Herzogtum Holstein während des Jahres 1855[38]. Danach werden die Maßregeln des Ministers von Scheele, auf die die Anklage gestützt werden soll, angegeben[39]. Im dritten Teil des Berichts erklären die Ausschußmitglieder dann abschließend,

---

[32] *Alberti*, II, S. 5; *Rosenkranz*, S. 134.

[33] *Hugo Jensen* an *Samwer*, 17. Januar 1856 (LAS Abt. 399 Nachlaß *Samwer* Nr. 91); *Rautenberg*, Nr. 26.

[34] *Hugo Jensen* an *Samwer*, 17. Januar 1856 (LAS Abt. 399 Nachlaß *Samwer* Nr. 91); *Rautenberg*, Nr. 26.

[35] *Otto Jensen* an *Samwer*, Anfang 1856 (LAS Abt. 399 Nachlaß *Samwer* Nr. 91); *Rautenberg*, Nr. 22.

[36] *Otto Jensen* an *Samwer*, 27. Januar 1856 (LAS Abt. 399 Nachlaß *Samwer* Nr. 91); *Rautenberg*, Nr. 27.

[37] Holst. Ständezeitung 1855/56, 2. Beilagenheft, Sp. 18 - 20.

[38] Holst. Ständezeitung 1855/56, 2. Beilagenheft, Sp. 21, 22; die im Zusammenhang mit der Regulierung der Münzverhältnisse auftretenden Probleme sollen bei der Prüfung der Anklage erörtert werden.

[39] Holst. Ständezeitung 1855/56, 2. Beilagenheft, Sp. 23 - 26.

daß sie das von ihnen angeratene Vorgehen nicht nur für politisch richtig, sondern auch für dringend geboten halten[40].

ee) Die Vorberatung

Unmittelbar nachdem der Abgeordnete Reincke den Ausschußbericht verlesen hatte, wurde die vorläufige Beratung gem. § 70 Satz 3 des Anhangs Litr. A. der Verordnung, betreffend die Verfassung des Herzogtums Holstein eröffnet. In dieser Vorberatung sollten die Ständemitglieder vor allen Dingen mit den Problemen der jeweiligen Proposition vertraut und auf die folgende Schlußberatung mit Abstimmung vorbereitet werden.

Als erster ergriff der Königliche Kommissar das Wort. Er legte kurz dar, daß der Antrag des Ausschusses, den Minister gem. § 14 der Holsteinischen Verfassung anzuklagen, nach seiner Meinung unzulässig sei, „da derselbe nicht nur in der Proposition nicht in Vorschlag gebracht, sondern vielmehr gesagt ist, daß die Proposition absichtlich auf eine solche Anklage nicht gerichtet wäre“[41].

Dieser Ansicht widersprach der Abgeordnete von Blome. In seiner Rede verwies er insbesondere auf die Diskussion in der siebenten Holsteinischen Provinzialständeversammlung zu dieser Problematik. Damals war die Mehrheit des Ausschusses von dem Antrag des Abgeordneten *Paulsen*, der die Aufhebung der Stempelpapiersteuer forderte, abgewichen. Gegen dieses Verfahren hatte der Abgeordnete Graf *Reventlow-Farve* in einem Minderheitsgutachten Bedenken angemeldet[42]. In der Vorberatung erklärte dann der Präsident *Burchardi*, daß er eine Abänderung des ursprünglichen Antrags für zulässig halte[43]. Hiergegen erhob sich von seiten der übrigen Ständemitglieder kein Widerspruch. Vielmehr unterstützten die Abgeordneten *Bargum* und Graf *Brockdorff-Sarlhusen* ausdrücklich die Ausführungen des Präsidenten, und der damalige Königliche Kommissar, der jetzige Minister von Scheele, stellte fest, daß „die Commitee die vorliegende Frage richtig behandelt“ habe[44]. Diesen Ausführungen in der siebenten Holsteinischen Provinzialständeversammlung schloß sich der Abgeordnete von Blome an.

Nachdem die Abgeordneten *Rötger, Bargum* und *Friederici* gegen eine Abänderung des Antrags ebenfalls keine Bedenken erhoben, er-

---

[40] Holst. Ständezeitung 1855/56, 2. Beilagenheft, Sp. 26 - 27.

[41] Holst. Ständezeitung 1855/56, Sp. 156.

[42] Holst. Ständezeitung 1853, 2. Beilagenheft, Sp. 402 - 405.

[43] Holst. Ständezeitung 1853, Sp. 1000.

[44] Holst. Ständezeitung 1853, Sp. 1002.

klärte der Präsident, auch nach seiner Ansicht liege kein Verfahrensfehler vor. Damit war die Diskussion über diesen Punkt beendet[45].

Die Ansicht der achten Hosteinischen Provinzialständeversammlung, die nur von dem Königlichen Kommissar Levetzau abgelehnt wurde, entspricht auch dem § 69 Satz 1 des Anhangs Litr. A. der Verordnung, betreffend die Verfassung des Herzogtums Holstein. Nach dieser Vorschrift hat der Ausschuß lediglich die Aufgabe, einen die späteren Beratungen möglichst fördernden Bericht zu entwerfen. Ein Verbot, von dem Antrag des Proponenten nicht abzuweichen, wird dagegen nicht aufgestellt.

Nach der Klärung dieser formellen Vorfrage gingen die Abgeordneten *Ernst Friedrich Versmann*[46] und *Wilhelm Friedrich Georg Behn*[47] auf den dritten Abschnitt des Berichts ein, in dem sich die Ausschußmitglieder mit der politischen Richtigkeit und Zweckmäßigkeit des zweigleisigen Vorgehens gegen den Minister befaßt hatten. Während sich der Abgeordnete Versmann dabei auf den Standpunkt stellte, man solle entsprechend dem Antrag des Ausschusses verfahren[48], vertrat der Abgeordnete Behn die Ansicht, daß die Anklage und die Beschwerde „nicht gleichzeitig, sondern nur nacheinander zur Anwendung" zu bringen seien[49].

Als sich nach dieser Diskussion kein Abgeordneter mehr zu Wort meldete, stellte der Präsident Scheel-Plessen noch einige Fragen an die Ausschußmitglieder, um der Ständeversammlung dadurch ein größeres Detailwissen über die einzelnen Anklage- und Beschwerdepunkte zu verschaffen. Mit einer Abstimmung, in der die Ständemitglieder mit Mehrheit erklärten, sie seien für die Schlußberatung genügend instruiert (vgl. § 71 des Anhangs Litr. A. der Verordnung, betreffend die Verfassung des Herzogtums Holstein), wurde die Vorberatung dann abgeschlossen[50].

Noch am selben Tage telegraphierte der Königliche Kommissar, der die Stimmung in der Ständeversammlung — wie sich bald zeigen sollte — richtig einschätzte, dem Minister von Scheele:

„Die Vorberathung über den Blomeschen Antrag ist geschlossen und die Schlußberathung in den nächsten Tagen zu erwarten. Die Annahme der Anträge des Ausschusses kaum zu bezweifeln[51]."

---

[45] Holst. Ständezeitung 1855/56, Sp. 156, 157.

[46] *Alberti*, I, S. 506 f. (Nr. 2263); *Rosenkranz*, S. 213.

[47] *Alberti*, I, S. 38 f. (Nr. 102); *Rosenkranz*, S. 16.

[48] Holst. Ständezeitung 1855/56, Sp. 162 ff.

[49] Holst. Ständezeitung 1855/56, Sp. 166.

[50] Holst. Ständezeitung 1855/56, Sp. 179.

[51] *Levetzau* an *von Scheele*, 28. Dezember 1855 (LAS Abt. 63 Nr. 1083).

ff) Die Schlußberatung und Abstimmung

In der 20. Sitzung am 1. Februar 1856 eröffnete der Präsident Scheel-Plessen mit einer kurzen Ansprache, in der er die Ständemitglieder auf die Wichtigkeit der nunmehr auf der Tagesordnung stehenden Sache hinwies, die Schlußberatung[52].

Der erste Redner in der sich anschließenden Diskussion war der Proponent von Blome, der noch einmal die Gründe seines Antrags kurz erläuterte. Danach setzte sich der Abgeordnete Bargum ausführlich mit den einzelnen Beschwerde- und Anklagepunkten auseinander. Hierbei kam er zu dem Ergebnis, daß diese weder die Beschwerde an den König noch eine Anklage des Ministers rechtfertigten[53]. Am Ende seiner Rede deutete der Abgeordnete Bargum schließlich vorsichtig an, daß die Befürworter der Proposition, die nach seiner Ansicht hauptsächlich aus dem Adel und der Ritterschaft kamen, nicht nur die *Landesrechte,* sondern auch ihre eigenen *Standesrechte* verteidigen wollten[54]. Nach der Rede des Abgeordneten Bargum, der sich durch sein offenes Bekenntnis zur Politik des Ministers von Scheele in Holstein viele Feinde gemacht hatte[55], wurde die Schlußberatung mit Beiträgen der Abgeordneten *Rötger, Friederici, von Blome* und *Thomsen* beendet.

In der anschließenden Abstimmung über die Proposition sprach sich die Ständeversammlung mit 40 gegen 7 Stimmen für die Beschwerde an den König und mit 41 gegen 6 Stimmen für die Anklage des Ministers vor dem Oberappellationsgericht aus[56].

Die Ständemitglieder zeigten damit, daß sie nicht bereit waren, die Politik des Ministers von Scheele widerstandslos hinzunehmen. Das Abstimmungsergebnis machte darüber hinaus deutlich, daß diese Opposition von der überwältigenden Mehrheit der Ständeversammlung getragen wurde. Wie unbegründet der Optimismus der Ständeversammlung war, sollte aber bereits die Entscheidung des Königs über die Beschwerde zeigen.

b) Die Königliche Proposition, betreffend das Anklageverfahren

Nachdem die Holsteinische Provinzialständeversammlung nun neben der Beschwerde an den König auch die Anklage des Ministers

---

[52] Holst. Ständezeitung 1855/56, Sp. 227 f.

[53] Die einzelnen Rechtsprobleme sollen später bei der Prüfung der Beschwerde und der Anklage erörtert werden.

[54] Holst. Ständezeitung 1855/56, Sp. 252 f.

[55] *Rendtorff* an *Samwer,* 15. Januar 1856 (LAS Abt. 399 Nachlaß *Samwer* Nr. 91); *Rautenberg,* Nr. 28.

[56] Holst. Ständezeitung 1855/56, Sp. 268.

vor dem Oberappellationsgericht beschlossen hatte, versuchte dieser in großer Eile noch vor Beendigung der ständischen Beratungen eine die Anklage betreffende Verfahrensregelung auf die Tagesordnung der Ständeversammlung zu bringen. Ein derartiges Gesetz war deshalb erforderlich, weil das Oberappellationsgericht bislang nur ein schriftliches Verfahren kannte (§ 9 der Verfügung, betreffend eine provisorische Gerichtsordnung für das Schleswig-Holstein-Lauenburgische Oberappellationsgericht in Kiel, für die Herzogtümer Schleswig und Holstein[57]), während § 14 Satz 2 der Holsteinischen Verfassung vom 11. Juni 1854 vorschrieb, daß die Entscheidung über die Ministeranklage „nach vorgängiger mündlicher und öffentlicher Verhandlung der Sache abzugeben" sei.

Bereits drei Tage nach dem Anklagebeschluß der Ständeversammlung genehmigte der König einen entsprechenden Gesetzentwurf des Ministers von Scheele[58]. Dieser wurde dem Königlichen Kommissar am folgenden Tage mit dem Auftrag, ihn unverzüglich der Ständeversammlung vorzulegen, übersandt[59]. In dem Gesetzentwurf verfügte der König,

„daß dem Holstein-Lauenburgischen Oberappellationsgericht, in Beziehung auf die Verhandlung des fraglichen Anklageprozesses, die bei den Holsteinischen Oberdikasterien nach den Grundsätzen des öffentlichen und mündlichen Verfahrens im fiscalischen Prozeß geltende Geschäftsordnung zur Norm dienen solle"[60].

Am 8. Februar 1856 kam der Entwurf in der 27. Sitzung erstmals auf die Tagesordnung der Ständeversammlung. Nach kurzer Diskussion nahm diese den Antrag des Abgeordneten Friederici auf Bildung eines Ausschusses einstimmig an und wählte anschließend die Abgeordneten *Friederici*, *Nissen* und *Rötger* zu dessen Mitgliedern[61].

In dem vor der Eröffnung der Vorberatung am 16. Februar 1856 von dem Abgeordneten Nissen verlesenen Bericht sprachen sich die Ausschußmitglieder für eine Annahme der Regierungsvorlage aus. Da nach ihrer Ansicht jedoch Zweifel darüber bestanden, ob dem Präsidenten allein oder nur der gesamten Ständeversammlung das Recht auf Wahl und Bestellung eines Anwalts zustehe, empfahlen die Ausschußmitglieder, dem Entwurf folgenden Zusatz hinzuzufügen:

„daß dem Präsidenten der Holsteinischen Ständeversammlung lediglich die Wahl und Bevollmächtigung des ihn vertretenden Anwalts zustehe[62]."

---

[57] CS 1834 Nr. 62.

[58] LAS Abt. 80 Nr. 1154.

[59] *von Scheele* an *Levetzau*, 5. Februar 1856 (LAS Abt. 80 Nr. 1154).

[60] Holst. Ständezeitung 1855/56, 1. Beilagenheft, Sp. 226.

[61] Holst. Ständezeitung 1855/56, Sp. 342 f.

[62] Holst. Ständezeitung 1855/56, 2. Beilagenheft, Sp. 216.

Gegen diesen Zusatz erhoben mehrere Ständemitglieder in der anschließenden Vorberatung Bedenken. Sie wandten vor allen Dingen ein, daß der geplante Zusatz die Verkündigung der gesamten Vorlage verzögern könnte[63]. Auf Grund dieser Bedenken änderte der Ausschuß deshalb in der Schlußberatung seinen Antrag und empfahl der Ständeversammlung nunmehr, den Gesetzentwurf „mit dem beschlossenen Zusatze, event. ohne denselben zum Gesetz zu erheben"[64]. Hierauf ergriff kein Abgeordneter das Wort. In der anschließenden Abstimmung nahm die Ständeversammlung den Antrag des Ausschusses dann in der modifizierten Form mit 43 gegen 1 Stimme an[65].

Am 18. Februar 1856 legte die Ständeversammlung in Übereinstimmung mit der Abstimmung gem. § 77 des Anhangs Litr. A. der Verordnung, betreffend die Verfassung des Herzogtums Holstein in einem Schreiben an den König die Bedenken gegen die Gesetzesvorlage dar[66]. Diese Bedenken fanden jedoch keine Berücksichtigung. Die Vorlage wurde vielmehr, nachdem sie den Geheimen Staatsrat ohne Diskussion passiert hatte[67], am 10. März 1856 in der Form des Regierungsentwurfs erlassen[68].

Damit war das letzte Hindernis für die Durchführung der Anklage gegen den Minister von Scheele vor dem Oberappellationsgericht beseitigt. Bevor jedoch die Ministeranklage dargestellt wird, muß zunächst die Beschwerde an den König behandelt werden, da diese noch in der Sitzungsperiode der achten Holsteinischen Provinzialständeversammlung abgewickelt wurde, während der Prozeß erst später begann.

III. Die Beschwerde an den König

1. Der Inhalt der Beschwerde

In dem Bedenken der Holsteinischen Provinzialständeversammlung vom 6. Februar 1856 werden die einzelnen Beschwerdepunkte, die in dem Ausschußbericht bereits aufgeführt sind, dem König dargelegt. Hierbei wird zunächst auf die Entlassung von drei Richtern des Oberappellationsgerichts und des Amtmanns der Ämter Bordesholm, Kiel und Kronshagen, die auf Vorschlag des Ministers von Scheele *„ohne Recht und Urtheil"* aus ihren Ämtern entfernt worden seien, einge-

63 Holst. Ständezeitung 1855/56, Sp. 558.

64 Holst. Ständezeitung 1855/56, Sp. 568.

65 Holst. Ständezeitung 1855/56, Sp. 573.

66 Holst. Ständezeitung 1855/56, 2. Beilagenheft, Sp. 294 f.

67 Statsraadets Forhandlinger, Bd. VI, S. 507.

68 Holst. GMinBl. 1856 Nr. 39.

gangen. Die Gründe für diese Dienstentlassungen sind der Ständeversammlung zwar nicht bekannt. Es wird jedoch die Vermutung geäußert, daß in früheren Jahren selbst bei dem Vorliegen gewichtigerer Gründe von derartigen Maßregeln „um des höheren Zwecks, um der Rechtsidee und des Ansehens der Gerichte halber abgesehen worden ist“[1].

Bei den Entlassenen handelt es sich um den Präsidenten des Oberappellationsgerichts *Friedrich Christian Schmidt*[2], die Oberappellationsgerichtsräte *Heinrich Rudolph Brinckmann*[3] und Alexander *Friedrich Wilhelm Preusser*[4] und den Amtmann Freiherr *von Heintze*[5].

Danach beschäftigt die Ständeversammlung sich in dem Bedenken mit den Wirkungen und Folgen, die durch die Einführung der Reichsmünze im Herzogtum Holstein hervorgerufen worden sind[6]. Anschließend wird Beschwerde darüber geführt, daß „der ehrwürdigen Landesuniversität ein Militair vorgesetzt wurde“[7]. Dieser Punkt betrifft die Ernennung des Oberstlieutnants im Generalstabe *Heinrich August Theodor von Kauffmann*[8] zum Kurator der Universität in Kiel am 11. Mai 1855[9].

Unter Bezugnahme auf § 17 der Holsteinischen Verfassung erklärt die Ständeversammlung, der Minister von Scheele habe sich „das Mißtrauen des Landes in höchstem Maße zugezogen“, und schließt das Bedenken mit der Bitte, der König möge die genannten Maßregeln wieder aufheben[10].

2. Die Rechtsgrundlagen für Ernennungen und Entlassungen von Beamten und Richtern

Die Motive zu der authentischen Interpretation der Verordnung vom 9. Juli 1840[11], betreffend die Bestimmungen, nach welchen wegen der auf privatrechtlichen Verpflichtungsgründen beruhenden Ansprüche gegen die Rentekammer oder andere Verwaltungskollegien das ge-

[1] Holst. Ständezeitung 1855/56, 2. Beilagenheft, Sp. 283.

[2] *Hiort / Lorenzen*, DBL, Bd. 15, S. 219 f.; *Lorenzen*, ZSHG, Bd. 87 (1962), S. 153 ff.; *Lorenzen*, SHBL, Bd. 1, S. 238 f.

[3] *Alberti*, I, S. 86 ff. (Nr. 216); *Tagg*, S. 9.

[4] *Alberti*, I, S. 223 (Nr. 1685); *Rosenkranz*, S. 166; *Tagg*, S. 9.

[5] *Hiort / Lorenzen (S. Larsen)*, DBL, Bd. 8, S. 611; *Rosenkranz*, S. 95.

[6] Da auf die einzelnen Maßregeln, die die Einführung der Reichsmünze im Herzogtum Holstein betreffen, im Rahmen der Anklage detaillierter eingegangen wird, soll dieser Problemkreis erst dort erörtert werden.

[7] Holst. Ständezeitung 1855/56, 2. Beilagenheft, Sp. 284.

[8] *Rockstroh*, DBL, Bd. 7, S. 357 ff.

[9] LAS Abt. 47 I Nr. 160; Holst. GMinBl. 1855, S. 133.

[10] Holst. Ständezeitung 1855/56, 2. Beilagenheft, Sp. 285.

[11] CS 1840 Nr. 87.

richtliche Verfahren zu gestatten ist, zeigen, daß die Ernnennung und Entlassung von Beamten nach Ansicht der dänischen Regierung seit jeher ein Vorrecht des Königs gewesen ist. In jenen Motiven wird nämlich erklärt, daß

„die Ernennung und Entlassung eines Beamten als ein Ausfluß der landesherrlichen Gewalt anzusehen und sowie demnach selbstverständlich dieser Act in keiner Beziehung der gerichtlichen Dijudicatur unterworfen werden kann“[12].

Die Begründung für diese Ansicht wird von dem Königlichen Kommissar, dem jetzigen Minister von Scheele, bei der Vorberatung der authentischen Interpretation[13] in der siebenten Holsteinischen Provinzialständeversammlung gegeben. Nach seinen Ausführungen ist es in absoluten Staaten ein unbedingtes Vorrecht des Monarchen, die Beamten einzusetzen und zu entlassen. Andere Regelungen könnten erst in Erwägung gezogen werden, „wenn wir zur constitutionellen, repräsentativen Verfassung übergegangen sein werden[14]. Da die authentische Interpretation nach dem Erlaß der Holsteinischen Spezialverfassung aber nicht aufgehoben und durch ein neues die Ernennung und Entlassung von Beamten regelndes Gesetz ersetzt worden ist, bestehe das Vorrecht des Königs, Beamte auf dem Verwaltungswege aus dem Dienst entfernen zu dürfen, auch heute noch.

Gegen diese Ansicht der dänischen Regierung hat der Abgeordnete *Friederici* anläßlich der Vorberatung über die Proposition des Barons von Blome Bedenken erhoben. In seiner Rede vor der achten Holsteinischen Provinzialständeversammlung hat er zunächst darauf hingewiesen, daß gem. § 78 Satz 2 des dänischen Staatsgrundgesetzes vom 5. Juni 1849[15] Richter „nicht ohne Richterspruch abgesetzt oder wider ihren Willen versetzt werden können“. Obwohl sich der Geltungsbereich des dänischen Staatsgrundgesetzes nie auf das Herzogtum Holstein erstreckt hat, glaubt der Abgeordnete Friederici aus dieser Vorschrift in Verbindung mit der Erklärung des dänischen Königs, er wolle alle Untertanen gleich behandeln, ein Argument für seine Ansicht, wonach Beamte und insbesondere Richter nicht ohne Urteil aus dem Dienst entlassen werden können, gefunden zu haben[16].

---

[12] Holst. Ständezeitung 1853, 1. Beilagenheft, Sp. 50.

[13] Die authentische Interpretation ist bereits vor der Beratung in der siebenten Holsteinischen Provinzialständeversammlung am 6. Februar 1853 als Gesetz erlassen worden (Holst. GMinBl. 1853 Nr. 8). Die Ständeversammlung hat allerdings mit 41 gegen 1 Stimme für eine Aufhebung dieses Gesetzes gestimmt und gleichzeitig um die Vorlage eines neuen Gesetzentwurfs, der die Entlassung der Beamten regelt, gebeten (Holst. Ständezeitung 1853, Sp. 687; 2. Beilagenheft, Sp. 531).

[14] Holst. Ständezeitung 1853, Sp. 592.

[15] Vgl. oben 1. Teil III 4.

[16] Holst. Ständezeitung 1855/56, Sp. 173.

Der Abgeordnete Friederici hat allerdings übersehen, daß der § 78 des dänischen Staatsgrundgesetzes im X. Abschnitt eben dieses Gesetzes erheblich eingeschränkt wird. Aus § 3 der transformatorischen Bestimmungen des X. Abschnitts ergibt sich nämlich, daß § 78 nicht für Richter gilt, die zugleich Verwaltungsgeschäfte wahrnehmen. Damit ist der Kreis derjenigen Richter, die nicht ohne Richterspruch entlassen werden dürfen, selbst im Geltungsbereich des dänischen Staatsgrundgesetzes erheblich verkleinert.

Der Abgeordnete Friederici wies weiter darauf hin, daß gem. § 21 Satz 3 der Holsteinischen Verfassung vom 11. Juni 1854 die Mitglieder des Holstein-Lauenburgischen Oberappellationsgerichts mit Rücksicht auf die Ministeranklage vom *passiven* Wahlrecht zu der Holsteinischen Provinzialständeversammlung ausgeschlossen sind[17]. Der in dieser Vorschrift zum Ausdruck kommende Gedanke von einer unabhängigen Stellung der Richter des Oberappellationsgerichts[18] steht nach seiner Meinung aber im Widerspruch zu der Praxis des Königs, auch diese Richter ohne Urteil zu entlassen. Zur Unterstützung seiner Ansicht beruft sich der Abgeordnete Friederici abschließend auf den Oberappellationsgerichtsrat *August Wilhelm Samuel Francke*[19], der auch der Meinung ist, daß die Entlassung eines Richters „nur durch richterliches Erkenntnis veranlaßt werden" kann[20].

Diese Ansicht des Abgeordneten Friederici wurde, wie die Abstimmung über die Beschwerde an den König gezeigt hat, von der Mehrzahl der Ständemitglieder geteilt[21]. In der Gesetzgebung des Herzogtums Holstein findet sie allerdings keine ausdrückliche Stütze. Zwar spricht sich § 21 der Holsteinischen Verfassung für eine unabhängige Stellung der Richter des Oberappellationsgerichts aus. Hieraus kann — insbesondere solange die authentische Interpretation der Verordnung vom 9. Juli 1840 nicht außer Kraft getreten ist — jedoch nicht gefolgert werden, daß Beamte und Richter im Herzogtum Holstein nach Erlaß der Holsteinischen Verfassung vom 11. Juni 1854 nicht mehr ohne Urteil entlassen werden können. Die Ernennung und Entlassung von Beamten war damit als Ausfluß der landesherrlichen Gewalt weiterhin allein ein gerichtlich nicht nachprüfbares Vorrecht des Souveräns.

---

17 Holst. Ständezeitung, 1855/56, Sp. 173.

18 Vgl. hierzu die Motive zu § 21 der Holsteinischen Verfassung (Holst. Ständezeitung 1853, 1. Beilagenheft, Sp. 45).

19 *Alberti*, I, S. 227 (Nr. 512).

20 *Francke*, Civilprozeß I, S. 82.

21 Vgl. oben 3. Teil II 2 a ff.

3. Die Gründe für die Ernennungen und Entlassungen

Wie bereits erwähnt[22], waren die Gründe, die für die Ernennungen und Entlassungen bestimmend gewesen sind, der Ständeversammlung nicht bekannt. Die Mehrzahl der Ständemitglieder gab durch die Zustimmung zu der Proposition des Abgeordneten von Blome jedoch zu erkennen, daß sie mit dessen Ansicht übereinstimmte, wonach die Beamten von dem Minister entlassen worden waren, „weil sie dem Minister persönlich nicht gefielen, weil er nicht glaubte, auf ihre unbedingte Zustimmung zu der Ausführung seiner Pläne rechnen zu dürfen, weil er überhaupt den Beamten andeuten wollte, daß sie durchaus von seinem Wollen abhängig seien“[23]. Auch in der damaligen Flugschriftliteratur[24] und in den Lebenserinnerungen einiger hoher Richter[25], die die Verhältnisse aus nächster Nähe beobachten konnten, wurde die Meinung vertreten, daß nicht mangelnde Qualifikation, sondern persönliche und politische Motive des Ministers die Grundlage der Dienstentlassungen gewesen seien.

Diese Quellen lassen erkennen, daß der Minister von Scheele sich durch seine Politik im Herzogtum Holstein viele Feinde gemacht hat. Ein Blick in die Allerhöchsten Vorstellungen, in denen von Scheele dem König die geplanten Ernennungen und Entlassungen vorschlägt, zeigt jedoch, daß die Vermutungen über deren Gründe nur zum Teil richtig sind.

Die personelle Umbesetzung des Oberappellationsgerichts unter dem Minister von Scheele begann mit der Ernennung des Obergerichtsrats August Wilhelm Samuel Francke zum siebenten Oberappellationsgerichtsrat am 4. April 1855[26]. Zwar hatte das Oberappellationsgericht nach Beendigung der in § 22 der Provisorischen Gerichtsordnung für das Schleswig-Holstein-Lauenburgische Oberappellationsgericht vom 15. Mai 1834[27] festgelegten Prüfung — vorgeschrieben war die Anfertigung von zwei Proberelationen und die Verteidigung dieser vor sämtlichen Mitgliedern des Gerichts — die Ernennung des Obergerichtsrats Francke mit der Begründung, insbesondere die Zivilrelation enthalte grobe Fehler, abgelehnt[28]. Über dieses Votum setzte sich der Minister von Scheele in der die Ernennung Franckes betref-

22 Vgl. oben 3. Teil II 2 a cc.

23 Holst. Ständezeitung 1855/56, Sp. 23.

24 *Beseler*, S. 140; *Busch*, I, S. 37 ff.; *ders.*, II, S. 243 f.; *Francke*, Die Herzogtümer Juli 1856, S. 35 f.; Ein Stück Dänisch-Deutsche Geschichte, S. 29 f.

25 *Burchardi*, Lebenserinnerungen, S. 148 f.; *Henrici*, S. 50.

26 Holst. GMinBl. 1855, S. 188.

27 CS 1834 Nr. 62.

28 Gutachten des Oberappellationsgerichts an das Holstein-Lauenburgische Ministerium vom 14. Februar 1855 (LAS Abt. 50 a Nr. 34).

fenden Vorstellung an den König vom 3. April 1855 jedoch hinweg. Als Begründung hierfür führte er zunächst an, daß bei der Wahl eines geeigneten Kandidaten für das Amt eines Oberappellationsgerichtsrats neben der Tüchtigkeit auch die politische Richtung des Bewerbers berücksichtigt werden müsse. Außerdem erklärte der Minister:

„Die politische Rücksicht war um so mehr geboten, als das Oberappellationsgericht leider diejenige Behörde der Herzogthümer Holstein und Lauenburg sein dürfte, bei welcher stets und noch zur Zeit der am wenigsten gute Geist anzutreffen ist, ...[29]."

Diese politischen Anschauungen der Mitglieder des Oberappellationsgerichts und nicht die Fehler in den Relationen hatten nach Ansicht von Scheeles zur Ablehnung des Kandidaten Francke geführt.

Mit der Ernennung des Obergerichtsrats Francke ließ der Minister damit erstmals erkennen, daß er nicht bereit war, sich dem Willen der Richter des Oberappellationsgerichts zu beugen. Vielmehr verlangte er, daß bei den neu zu ernennenden Räten „auch eine politische Richtung vorgefunden werde, welche dem Willen Ew. Majestät und der Ueberzeugung des Ministerii gemäß sei"[30].

Die mit der Ernennung Franckes eingeleitete offene Konfrontation zwischen dem Holstein-Lauenburgischen Ministerium und dem Oberappellationsgericht setzte der Minister mit der Entlassung des Präsidenten jenes Gerichts *Friedrich Christian Schmidt* am 28. April 1855 fort[31]. Schmidt, der zu diesem Zeitpunkt bereits 78 Jahre alt war, hatte dem Dienst wegen einer Krankheit seit November 1854 fernbleiben müssen. Erst am 14. April 1855 konnte er das Präsidium wieder von seinem Stellvertreter Heinrich Rudolf Brinckmann, der die Präsidialgeschäfte in der Zwischenzeit wahrgenommen hatte, übernehmen[32]. Die Vorstellung des Ministers vom 27. April 1855, die sich hauptsächlich auf einen Bericht Brinckmanns vom 13. April 1855 an das Holstein-Lauenburgische Ministerium stützt[33], gibt deshalb auch die schwere Krankheit des Präsidenten als Entlassungsgrund an. Schmidt sei, so berichtet von Scheele dem König,

„bereits seit längerer Zeit so leidend, daß er dadurch an der Wahrnehmung seiner Functionen seit fünf Monaten behindert worden ist und daß er,

---

[29] RAK, Ministerium für Holstein und Lauenburg, Vorstellungen 1855, Nr. 197.

[30] RAK, Ministerium für Holstein und Lauenburg, Vorstellungen 1855, Nr. 197.

[31] Holst. GMinBl. 1855, S. 114.

[32] Bericht *Brinckmanns* an das Holstein-Lauenburgische Ministerium, 13. April 1855 (LAS Abt. 80 Nr. 1159).

[33] Bericht *Brinckmanns* an das Holstein-Lauenburgische Ministerium, 13. April 1855 (LAS Abt. 80 Nr. 1159).

wenngleich er in diesen Tagen das Präsidium wieder übernommen hat, doch bei seinem fast achtzigjährigen Alter voraussichtlich die zur Verwaltung seines Amtes erforderliche Kraft nicht wieder erlangen wird"[34].

Außerdem beantragt von Scheele, daß Schmidt eine Pension in Höhe von ⅔ seines Gehalts von 4000 Thl. zu zahlen sei.

Die Vorstellung an den König zeigt damit, daß die Vermutung vieler Holsteiner, persönliche und politische Motive des Ministers hätten bei der ohne die „sonst übliche desfällige vorgängige Verhandlung"[35] erfolgten Entlassung des Präsidenten Schmidt eine tragende Rolle gespielt, nicht richtig war. Vielmehr ist allein der schlechte Gesundheitszustand des greisen Präsidenten — der Oberappellationsgerichtsrat *von Schirach* erklärt bereits im Jahre 1853 in einem Gespräch mit *Johann Bernhard Hederich Rathjen*, daß Schmidt „sehr alt und schwach" werde[36] — ausschlaggebend für seine Entlassung gewesen[37].

Ganz anders verhielt es sich dagegen mit dem sechsundsechzigjährigen Rat *Brinckmann* und dem fünfundfünfzigjährigen Rat *Preusser*, die am gleichen Tage wie der Präsident Schmidt entlassen wurden[38]. In der entsprechenden Vorstellung vom 27. April 1855 sprach der Minister seine Absicht, das Oberappellationsgericht in Zukunft nur mit ihm genehmen und gefügigen Richtern besetzen zu wollen, noch eindeutiger aus:

„..., es wird vielmehr fürs Erste dafür Sorge zu tragen sein, daß die Majorität des Gerichts aus Männern construirt werde, deren Pflichterfüllung nicht durch verwerfliche politische Denkweise influencirt wird.

Das Gericht besteht aus dem Präsidenten und 8 Räthen. Nach dem Eintritt des nunmehr Allerhöchst ernannten Rathes Franke ist annoch eine Vacanz vorhanden. Würden zwei der älteren Räthe entlassen werden, so würden drei neue Räthe zu ernennen sein, welche also mit dem Präsidenten und dem Rathe Franke die Majorität des Gerichts würden bilden können[39]."

---

[34] LAS Abt. 80 Nr. 1159.

[35] So *Schmidt* in einem Gesuch, betreffend die Erhöhung seiner Pension, 2. Oktober 1858 (LAS Abt. 80 Nr. 1159).

[36] *Rathjen* an seine Frau, 26. Juli 1853 (abgedruckt bei: *Olshausen* ZSHG 86 [1940], 268).

[37] Vgl. auch die Vorstellungen, betreffend die Ernennung des Obergerichtsrats *Francke* vom 3. April 1855 (RAK, Ministerium für Holstein und Lauenburg, Vorstellungen 1855, Nr. 197) und die Entlassung der Oberappellationsgerichtsräte *Brinckmann* und *Preusser* vom 27. April 1855 (RAK, Ministerium für Holstein und Lauenburg, Vorstellungen 1855, Nr. 232). In *Schmidts* Nachruf heißt es, er sei „seit Jahren gelähmt und nicht im Stande, ohne fremde Hilfe sich fortzubewegen" (Correspondenzblatt und Kieler Wochenblatt vom 13. Januar 1863 — Nr. 6).

[38] Holst. GMinBl. 1855 S. 114.

[39] RAK, Ministerium für Holstein und Lauenburg, Vorstellungen 1855, Nr. 232.

Um dieses Ziel erreichen zu können, beantragte der Minister die Entlassung Brinckmanns, weil dieser „niemals das allgemeine Vertrauen genossen“ habe. Noch deutlicher wurde der Minister dann bei der Begründung der Entlassung Preussers:

„Leider aber ist es notorisch, daß er der sog. Schleswig-Holsteinischen Richtung nicht allein mit großer Leidenschaft sich hingegeben hat, sondern daß er diese Leidenschaft noch zur Zeit bei vorkommenden Gelegenheiten kund gibt, wie die Rechtlichkeit seines Charakters und die Hartnäckigkeit seines politischen Wahnes solches erklärlich macht, so unvereinbar auch diese Haltung mit seiner richterlichen Stellung sein dürfte[40].“

Schließlich beantragte von Scheele für die zu entlassenden Beamten nicht wie üblich eine bestimmte Pension. Die Höhe dieser sollte vielmehr erst in einer späteren Korrespondenz mit dem Finanzministerium festgelegt werden.

Da der Minister die rechtliche Qualifikation der Räte Brinckmann und Preusser nicht in Abrede stellte, zeigt diese Vorstellung, daß hier allein politische Motive die Grundlage für die Entlassung der genannten Richter gewesen sind.

Als neuen Präsidenten des Oberappellationsgerichts ernannte Friedrich VII. noch am 28. April 1855 den bisherigen Amtmann der Ämter Reinbeck, Trittau und Tremsbüttel *Carl Otto Dumreicher*[41], der, wie von Scheele in der betreffenden Vorstellung mitteilte, „in den im Jahre 1848 in den Herzogthümern Schleswig und Holstein ausgebrochenen Bewegungen völlig unbeteiligt geblieben“ ist[42]. Mit der Ernennung des dritten Rates im Holsteinischen Obergericht *Carl Ferdinand Schreiter* am 12. Oktober 1855[43] und des Professors der Rechte an der Kieler Universität *Andreas Christian Schmid*[44] am 24. November 1855[45] zu Oberappellationsgerichtsräten wurde die personelle Umbesetzung dieses Gerichts im Jahre 1855 abgeschlossen.

Neben den Veränderungen innerhalb der Richterschaft erregten die Entlassung des Freiherrn *von Heintze* aus seiner Stellung als Amtmann der Ämter Bordesholm, Kiel und Kronshagen am 11. Mai 1855 und die Ernennung des Oberstlieutnants *von Kauffmann* zum Kurator der Universität in Kiel, zum Oberdirektor über die genannte Stadt, zum Amtmann der Ämter Bordesholm, Kiel und Kronshagen sowie zum Kommissar für das Preetzer Kloster und den benachbarten

---

[40] RAK, Ministerium für Holstein und Lauenburg, Vorstellungen 1855, Nr. 232.

[41] Holst. GMinBl. 1855, S. 114.

[42] LAS Abt. 80 Nr. 1159.

[43] Holst. GMinBl. 1855, S. 295.

[44] *Alberti*, I, S. 339 f. (Nr. 1892).

[45] LAS Abt. 50 a Nr. 36; Holst. GMinBl. 1855, S. 366.

Güterdistrikt vom gleichen Tage in der holsteinischen Öffentlichkeit großes Aufsehen.

Die Entlassung von Heintzes erfolgte auf eine entsprechende Vorstellung des Ministers vom 8. Mai 1855. In dieser wies von Scheele zunächst auf die Notwendigkeit „der Vereinigung der verschiedenen Localverwaltungen in den einzelnen Districten des Herzogthums Holstein" hin[46]. Allein die Zusammenlegung der verschiedenen Verwaltungsbehörden hatte dann die Entlassung von Heintzes zur Folge. Politische Beweggründe ergeben sich dagegen nicht aus der Vorstellung. Vielmehr kann von Heintze nach dem Bericht des Ministers zu „den besseren und tüchtigeren Oberbeamten gezählt" werden[47].

Wie bei der Entlassung von Heintzes hat sich das Ministerium auch bei der Ernennung des Oberstlieutnants von Kauffmann „von Gründen leiten lassen, welche theils von Rücksichten der Zweckmäßigkeit hergekommen sind, theils von nothwendig zu beachtenden Verhältnissen geboten sind"[48]. Wenn von Scheele — wie die Vorstellung zeigt — eine bestimmte politische Richtung auch als notwendiges Erfordernis ansah, so wurde bei der Auswahl des Kandidaten doch hauptsächlich darauf geachtet, daß dieser eine Persönlichkeit darstellte, die in der Lage war, den Ausgleich zwischen den verschiedenen Nationalitäten des Gesamtstaats zu fördern.

Abschließend läßt sich somit festhalten, daß die Entfernung der Oberappellationsgerichtsräte Brinckmann und Preusser aus dem Dienst eindeutig auf politischen Gründen beruht. Dagegen wurde der Präsident Schmidt entlassen, weil er auf Grund seines schlechten Gesundheitszustandes zu einer ordnungsgemäßen Fortführung der Amtsgeschäfte nicht mehr in der Lage war. Auch die Entlassung des Amtsmanns von Heintze wurde nicht durch dessen politische Ansichten ausgelöst, sondern war die notwendige Folge der Zusammenlegung mehrerer Verwaltungsbehörden. Bei der Auswahl der neu ernannten Richter und Beamten hat der Minister neben der fachlichen Qualifikation der einzelnen Bewerber auch darauf geachtet, daß sie nicht der schleswig-holsteinischen Richtung anhingen, sondern die Politik des jetzigen Ministeriums unterstützten.

4. Raasløffs Votum

Da der Inhalt der Beschwerde ausschließlich holsteinische Angelegenheiten betraf, fiel deren Bearbeitung in den amtlichen Wirkungs-

---

[46] RAK, Ministerium für Holstein und Lauenburg, Vorstellungen 1855, Nr. 281.

[47] RAK, Ministerium für Holstein und Lauenburg, Vorstellungen 1855, Nr. 281.

[48] LAS Abt. 47 I Nr. 160.

kreis des Holstein-Lauenburgischen Ministeriums. Deshalb entwarf der Minister von Scheele auch sofort nach Eingang der Beschwerdeschrift ein Antwortschreiben, das der Ständeversammlung nach seiner Ansicht noch vor Beendigung der derzeitig stattfindenden Sitzungsperiode zugeleitet werden sollte[49].

Die Vorlage wurde dann zunächst am 13. Februar 1856 in der *Ministerkonferenz* beraten. Nachdem die Minister mit Ausnahme des Ministers für das Herzogtum Schleswig Raasløff[50] dem Entwurf zugestimmt hatten, entschloß man sich, wegen der großen Wichtigkeit dieser Angelegenheit, außerdem eine Beratung im *Geheimen Staatsrat* folgen zu lassen (vgl. § 15 Satz 1 der Gesamtstaatsverfassung vom 2. Oktober 1855). Bevor es hierzu kam, legte allerdings der Minister Raasløff dem König in einem Votum vom 14. Februar 1856 die Gründe für seine ablehnende Haltung im einzelnen dar.

Raasløff bemängelte zunächst, daß in der königlichen Antwort auf die einzelnen Beschwerdepunkte nicht genügend eingegangen werde. Die oberflächliche Behandlung der Beschwerdeschrift, in der Raasløff einen Formfehler sieht, bietet nach seiner Ansicht die Möglichkeit zu Angriffen gegen die Vorlage. Außerdem, so fügt Raasløff hinzu, sei die Argumentation in der königlichen Antwort an vielen Stellen schlecht und nicht überzeugend[51].

Danach kommt Raasløff auf den Hauptgrund seiner Ablehnung, die Entlassung von zwei Mitgliedern der Oberappellationsgerichts, zu sprechen. Hierzu führt er aus:

„Denne Forholdsregel har jeg fra først af, da den bragtes under Omtale i Ministeriet, anseet mig forpligtet til at udtale mig bestemt imod, netop fordi jeg ansaa den Usikkerhed, som derved bragtes i den høiste dømmende Autoritets Stilling, for saa skadelig, at andere Hensyn ikke derimod kunde komme i Betragtning; da Sagen imidlertid afgjordes igjennem Cabinettet, uden at komme til Forhandling i Geheime Statsraadet, hvade jeg ikke Anledning til videre at befatte mig dermed. Men heraf vil Deres Majestaet Allernaadigst skjønne, at min Anskuelse af og min Stilling over for Staendernes Udtalelse, idetmindste hvad dette vigtige og indgribende Punct angaaer, maa vaere en heel anden en de Ministeres, som fra først af have vaeret enige i og billiget eller i altfald ikke udtalt sig imod hiin Forholdsregel[52].“

---

[49] *von Scheele* an *Friedrich VII.*, 12. Februar 1856 (RAK Kongehusarkivet Friedrich VII, III 9, 14 - 18).

[50] *Alberti*, II, S. 153 f.; *Elberling (P. Engelstoft)*, DBL, Bd. 19, S. 26 ff.; *Rosenkranz*, S. 168.

[51] RAK, Konseilpräsidium, Geheimestaatsrat, Journalakten für den Geheimestaatsrat und das Staatssekretariat CXXXXIII, 1856, 14/2.

[52] RAK, Konseilpräsidium, Geheimestaatsrat, Journalakten für den Geheimestaatsrat und das Staatssekretariat CXXXXIII, 1856, 14/2; *Übersetzung:* Gegen diese Maßnahme habe ich von Anfang an, als sie im Ministerium zur

Raasløff spricht sich ferner dagegen aus, daß in der Vorlage ausdrücklich deren Behandlung im Geheimen Staatsrat erwähnt wird. Da dies nicht üblich sei, könne eine derartige Bezugnahme als ein Beweis dafür aufgefaßt werden, daß sämtliche Minister dem Inhalt des Entwurfs voll zugestimmt hätten[53].

Abschließend erklärt Raasløff, er werde für den Fall, daß der König der Vorlage des Ministers von Scheele in dem vorliegenden Wortlaut seine Zustimmung gebe, um seine Entlassung nachsuchen. Ein Verbleiben in der Regierung sei ihm dann nicht mehr möglich, da er „et moralsk Medansvar for en anden Ministers saerlige Bestyrelse"[54] nicht übernehmen könne.

In dem seinem Votum beigefügten eigenen Entwurf einer königlichen Antwort will Raasløff der ständischen Beschwerde zwar nicht stattgeben. Er wählt in seiner Vorlage jedoch wesentlich zurückhaltendere Formulierungen und greift die Provinzialständeversammlung nicht in dem von Scheele geforderten überaus verletzten Ton an[55]. Hieraus folgt, daß Raasløff die in der Beschwerde aufgeführten Punkte nicht für so schwerwiegend erachtet, daß sie eine Entlassung des Ministers von Scheele erfordern. Seine Rücktrittsdrohung stützt Raasløff damit ausschließlich auf die Art und Weise, wie die Beschwerde zurückgewiesen werden soll.

5. Die Beratung der Beschwerde im Geheimen Staatsrat

Am 16. Februar 1856 kam es dann im Geheimen Staatsrat[56] zur Beratung über den Entwurf des Ministers von Scheele. Zunächst ergriff

Sprache gebracht wurde, mich als verpflichtet angesehen, mich bestimmt auszusprechen, gerade weil ich die Unsicherheit, die dadurch in die Stellung der höchsten urteilenden Autorität gebracht wurde, für so schädlich ansah, daß andere Rücksichten dagegen nicht in Betracht kommen konnten; da die Sache unterdessen durch das Kabinett entschieden wurde, ohne im Geheimen Staatsrat zur Verhandlung zu kommen, hatte ich keine Veranlassung, mich weiter hiermit zu befassen. Aber hieraus wird Ihre Majestät allergnädigst einsehen, daß meine Anschauung von und meine Stellung gegenüber der Äußerung der Stände zumindest was diesen wichtigen und eingreifenden Punkt angeht, eine ganz andere sein muß als die der Minister, die von Anfang an darin einig gewesen und gebilligt oder in jedem Fall sich nicht gegen jene Maßnahme ausgesprochen haben.

[53] RAK, Konseilpräsidium, Geheimestaatsrat, Journalakten für den Geheimestaatsrat und das Staatssekretariat CXXXXIII, 1856, 14/2.

[54] RAK, Konseilpräsidium, Geheimestaatsrat, Journalakten für den Geheimestaatsrat und das Staatssekretariat CXXXXIII, 1856, 14/2; *Übersetzung:* eine moralische Mitverantwortung für die besondere Regierung eines anderen Ministers.

[55] RAK, Konseilpräsidium, Geheimestaatsrat, Journalakten für den Geheimestaatsrat und das Staatssekretariat CXXXXIII, 1856, 14/2; siehe Anhang III.

der König das Wort und meinte, der Vorschlag könne, um dem Ton der von der Holsteinischen Ständeversammlung verfaßten Beschwerdeschrift gerecht zu werden, in einigen Ausdrücken noch erheblich verschärft werden[57]. In der folgenden Diskussion gab dann der Kriegsminister *Lüttichau* zu bedenken, daß die Holsteinische Ständeversammlung in einer nicht zu beanstandenden Form lediglich von dem ihr gesetzlich zustehenden Beschwerderecht Gebrauch gemacht habe. Da ein Gesetzesverstoß nicht vorliege, sei es nach Lüttichaus Meinung auch nicht gerechtfertigt, die königliche Antwort mit zum Teil beleidigenden Ausdrücken zu versehen. Außerdem würde die Vorlage des Ministers von Scheele die antidänische Stimmung im Herzogtum Holstein noch mehr anheizen und dadurch die ohnehin schwierige politische Lage in dem genannten Herzogtum weiter verschlechtern[58].

Der Kulturminister *Hall* und der Finanzminister *Andrae* sprachen sich dagegen dafür aus, den Wortlaut der königlichen Erklärung nicht zu verändern. Hierbei hoben sie besonders hervor, daß eine zu schwach und zurückhaltend formulierte Antwort des Königs leicht einen Eindruck von Unsicherheit gegenüber der Beschwerde der Ständeversammlung hervorrufen könnte[59].

Anschließend verlas der Minister Raasløff sein Votum und stellte danach den Antrag, die hier behandelte Angelegenheit solange auszusetzen, bis der den einzelnen Beschwerdepunkten zugrunde liegende Sachverhalt ihrer Wichtigkeit entsprechend genügend aufgeklärt sei[60].

Diesem Antrag widersetzte sich der Premierminister *Bang*. Nach seiner Ansicht sei eine Untersuchung der Amtsführung eines Ministers im einzelnen ein Widerspruch zu dessen selbständiger und verantwortlicher Stellung innerhalb der Regierung. Es könne hier deshalb allein auf die Frage ankommen, ob man sich hinter die Politik des Ministers von Scheele stellen wolle oder nicht. Hierfür sei aber nicht die Amtsführung, sondern nur das Resultat des jeweiligen Handelns entscheidend[61]. Der Premierminister fügte außerdem hinzu, daß er sowohl die Politik von Scheeles, als auch den Wortlaut der königlichen Antwort voll billige. Abschließend erklärte Bang dann, eine dem Vorschlag ent-

---

[56] Der Geheime Staatsrat besteht aus dem König, sämtlichen Ministern und dem Kronprinzen, wenn dieser mündig ist. Außerdem sollen der oder die übrigen Königlichen Prinzen vom König in dieses Gremium berufen werden (vgl. § 14 der Gesamtstaatsverfassung vom 2. Oktober 1855; Holst. GMinBl. 1855 Nr. 142).

[57] Statsraadets Forhandlinger, Bd. VI, S. 483.

[58] Statsraadets Forhandlinger, Bd. VI, S. 483 f.

[59] Statsraadets Forhandlinger, Bd. VI, S. 485.

[60] Statsraadets Forhandlinger, Bd. VI, S. 485 f.

[61] Statsraadets Forhandlinger, Bd. VI, S. 487.

sprechende königliche Erklärung an die Ständeversammlung, die auch von dem Geheimen Staatsrat mitgetragen werde, lasse nicht den Schluß zu, daß sich die Minister über alle Einzelheiten der Antwort einig gewesen seien. Aus einem derartigen Beschluß des Geheimen Staatsrats könne man nur herleiten, daß sich alle Minister hinter die Politik des jetzigen Ministers für die Herzogtümer Holstein und Lauenburg stellten. Dies sei für ihn, so schloß Bang, allerdings auch eine notwendige Voraussetzung für das Fortbestehen der von ihm geleiteten Regierung[62].

Nach den Ausführungen des Premierministers ergriff *Friedrich VII.* das Wort und fragte den Minister Raasløff, ob er sein Entlassungsgesuch zurücknehmen würde, wenn seine abweichende Meinung in das Sitzungsprotokoll des Geheimen Staatsrats aufgenommen werde. Hierauf antwortete Raasløff, daß dies allein nicht ausreiche. Vielmehr müsse er für den Fall, daß der vorliegende Entwurf die Zustimmung des Geheimen Staatsrats finde, um seine Entlassung bitten[63].

Zum Abschluß der Beratungen sprachen sich neben den bereits oben erwähnten Ministern Hall und Andrae auch der Marineminister *Michelsen* und der Justizminister *Simony,* sowie der *Kronprinz* für die Vorlage des Ministers von Scheele aus. Darauf unterzeichnete der König den Entwurf mit dem Bemerken, dieser könne, obwohl er ihn für zu milde halte, so wie er vorliege, abgeschickt werden[64].

6. Die Ansicht des Königs und sein persönliches Verhältnis zu dem Minister von Scheele

Zwar hat der König mit dieser Unterschrift — wie auch die Mehrzahl der Regierungsmitglieder — dem Minister von Scheele sein Vertrauen ausgesprochen. Hiermit ist jedoch noch nicht geklärt, wie weit Friedrich VII von Scheeles Politik im Herzogtum Holstein im einzelnen unterstützt.

Bei den Beratungen über die Beschwerde gegen von Scheele im Geheimen Staatsrat hat der König sich mit wenigen Sätzen lediglich für eine schärfer formulierte Antwort an die Holsteinische Provinzialständeversammlung eingesetzt. Diese Äußerungen deuten allerdings nur an, wie Friedrich VII. die politische Lage im Herzogtum Holstein zu diesem Zeitpunkt einschätzt; eine abschließende Beurteilung der politischen Ansichten des Königs lassen sie dagegen nicht zu.

Welche Politik Friedrich VII. wirklich verfolgte, ist jedoch aus seiner regen Korrespondenz mit dem Minister von Scheele, in dessen Nachlaß

---

62 Statsraadets Forhandlinger, Bd. VI, S. 487 f.

63 Statsraadets Forhandlinger, Bd. VI, S. 488.

64 Statsraadets Forhandlinger, Bd. VI, S. 489.

sich allein 29 Briefe des Königs aus dem Jahre 1856 befinden, zu entnehmen. In diesen Briefen legt der König dar, was sich hinter seiner allgemeinen Forderung nach mehr Härte gegenüber dem Auftreten der Holsteinischen Provinzialständeversammlung, die er mehrfach als ein „Øglerede“[65] bezeichnet, verbirgt. So gibt Friedrich VII. seinem Minister ein sechs Punkte Programm an die Hand, dessen Durchführung die nach seiner Ansicht von der Ritterschaft ausgehenden Aufruhrtendenzen im Herzogtum Holstein brechen wird. Im einzelnen verlangt der König:

„1ste) At ophaeve Ridderskabets Privilegie som en Corporation,

2det) fratage Ridderskabet Patrimonial Rettigheder paa dets Godser og insaette kongelige troe Maend paa Dem med polithi og jurisdisk Myndighed

3die) ophaeve Det Sleeswig-Holsteenske Ridderskab og indføre et Holsteensk og Sleeswigsk Ridderskab. —

4de) Give Baron Scheel Plessen Afskeed fra sit Embede som Overpraesident i Altona og lade Denne Post ubesat indtil man kan faae en Embedsmand der er loyal og troe. —

5) Indföre uden videre Indelingen af Hertugdømmet Holsteen i Amtmandsposter, som allerede er skeet i Kiel og Preetz og /?/ afskedige alle utroe Embedsmaend og sette troe istedet. —

6) Hvis det ei kan skee paa anden Maade maae det skee med at erklaere Hertugdømmet Holsteen i Beleiringstilstand, saalaenge til Alt er bragt i Orden[66].“

Dieses politische Programm hält der König für so geheim, daß er von Scheele auffordert, er solle den Brief, sobald er ihn gelesen habe, sofort verbrennen[67]. Die Forderungen nach mehr Strenge und Härte gegenüber den Holsteinern im allgemeinen und gegenüber der Ritterschaft im besonderen wiederholt Friedrich VII., nachdem er Kenntnis

---

65 *Friedrich VII.* an *von Scheele*, 3. Februar 1856 (RAK Arkivnr. 6280, Nachlaß *von Scheele*); *Übersetzung:* Schlangennest.

66 *Friedrich VII.* an *von Scheele*, 31. Januar 1856 (RAK Arkivnr. 6280, Nachlaß *von Scheele*); *Übersetzung:* 1.) das Privileg der Ritterschaft als Korporation aufzuheben, 2.) der Ritterschaft die Patrimonial-Rechte auf ihren Gütern wegzunehmen und auf ihnen königstreue Männer mit polizeilicher und richterlicher Befugnis einzusetzen 3.) die Schleswig-Holsteinische Ritterschaft aufzuheben und eine Holsteinische und Schleswigsche Ritterschaft einzuführen. — 4.) Baron Scheel Plessen von seinem Amt als Oberpräsident in Altona den Abschied geben und diesen Posten unbesetzt zu lassen, bis man einen Beamten bekommen kann, der loyal und treu ist. — 5.) Ohne weiteres die Einteilung des Herzogtums Holstein in Amtsmannsposten einzuführen, wie es bereits in Kiel und Preetz geschehen ist, und /?/ alle untreuen Beamten zu entlassen und treue an ihre Stelle zu setzen. — 6.) Wenn dieses nicht auf eine andere Weise geschehen kann, muß es dadurch geschehen, daß im Herzogtum Holstein der Belagerungszustand erklärt wird, solange bis alles in Ordnung gebracht ist. —

67 *Friedrich VII.* an *von Scheele*, 31. Januar 1856 (RAK Arkivnr. 6280, Nachlaß *von Scheele*).

von dem Anklage- und Beschwerdebeschluß der Ständeversammlung erlangt hat[68], dann noch leidenschaftlicher[69], obwohl der Minister von Scheele ihn bereits darauf hingewiesen hat,

„at Ridderskabet som et Corps til dato ikke har foretaget noget, men at det er kuns nogle enkelte Medlemmere af Ridderskabet som i deres Egenskab som Ständedeputerede have fört sig daarligt op“[70].

Die Briefe des Königs zeigen, daß er in keiner Weise bereit war, den Forderungen der Holsteiner nach mehr Selbständigkeit und Gleichberechtigung im dänischen Gesamtstaat nachzugeben. Friedrich VII. beabsichtigte vielmehr, diejenigen Gruppierungen, die diese Politik verfolgten, rigoros und notfalls mit Waffengewalt zu unterdrücken. Das ergibt sich vor allem aus seinem Plan, anstelle der Schleswig-Holsteinischen Ritterschaft zwei jeweils nur für den Bereich eines Herzogtums geltende Korporationen einzuführen. Damit versuchte Friedrich VII. — wie bereits bei der Beschränkung der Kompetenzen des Oberappellationsgerichts auf die Herzogtümer Holstein und Lauenburg im Jahre 1854 geschehen[71] — eine weitere Einrichtung, die die Verbindung der Herzogtümer Schleswig und Holstein dokumentierte, aufzulösen.

Die Briefe Friedrich VII. — in dem Nachlaß von Scheele befinden sich insgesamt 129 Briefe des Königs aus den Jahren 1847 bis 1863 — geben außerdem einen Einblick in sein Verhältnis zu dem Minister von Scheele. Während besonders die Briefe aus der Kronprinzenzeit noch die übliche Distanz zu dem Untergebenen aufweisen, greift der König später zu dem für die damalige Zeit ungewöhnlichen „Du“. Darüber hinaus versichert er von Scheele, als er von der Anklage gegen ihn erfährt:

---

68 *von Scheele* an *Friedrich VII.*, 2. Februar 1856 (RAK Kongehusarkivet Friedrich VII, III 9, 14 - 18).

69 *Friedrich VII.* an *von Scheele*, 3. Februar 1856 (RAK Arkivnr. 6280, Nachlaß *von Scheele*).

70 *von Scheele* an *Friedrich VII.*, 1. Februar 1856 (RAK Kongehusarkivet Friedrich VII, III 9, 14 - 18) *Übersetzung:* daß die Ritterschaft als eine Korporation bis jetzt nichts unternommen hat, sondern nur einige einzelne Mitglieder der Ritterschaft sich in ihrer Eigenschaft als Ständedeputierte schlecht benommen haben.

In diesem Schreiben geht von Scheele außerdem auf den Plan des Königs, die Schleswig-Holsteinische Ritterschaft als Korporation aufzulösen, ein. Der Minister weist auf die „de udenlandske Magter givne Löfter at lade det Slesvig-Holstenske Ridderskab bestaae som et for begge Hertugdomme faelles Institut (*Übersetzung:* den ausländischen Mächten gegebenen Versprechungen, die Schleswig-Holsteinische Ritterschaft als eine für beide Herzogtümer gemeinsame Institution bestehen zu lassen) hin und äußert die Befürchtung, daß sich die Ritterschaft in diesem Falle wohl nicht ohne Erfolg an den Deutschen Bund und die Unterzeichnerstaaten des Friedensschlusses wenden würde.

71 Vgl. oben 1. Teil III 4 Fußnote 49.

„Overhovedet er jeg parat til at staae Dig bie i Liv og Död hvad Øieblik Du önsker det. — Dette min Ven veed Du Derfor brug mig naar Du kan og vil[72]."

Als von Scheele dann am 13. April 1857 auf Drängen der starken eiderdänischen Partei — sämtliche Minister waren am 9. April 1857 zurückgetreten, weil sie von Scheeles Außenpolitik, die sich gegen eine skandinavische Union richtete, nicht unterstützen wollten — um die Entlassung aus seinem Ministeramt nachsuchte[73], zeigte sich Friedrich VII. hierüber tief betroffen[74].

Die Briefe des Königs, die zum Teil sogar rein privater Natur sind, belegen damit, daß es Ludwig Nicolaus von Scheele gelungen ist, die Gunst des Königs und seiner einflußreichen Gattin, der Gräfin Danner, deren freundlichste Grüße Friedrich VII. in den meisten Briefen übermittelt, zu gewinnen und bis zum Tode des Königs im Jahre 1863 zu erhalten. Neben den vom König verfolgten politischen Zielen mögen auch diese besonderen persönlichen Beziehungen zu dem Minister von Scheele Friedrich VII. bewogen haben, sich dafür auszusprechen, daß die Beschwerde der Holsteinischen Provinzialständeversammlung mit scharfen Formulierungen zurückzuweisen war.

7. Die Antwort des Königs an die Ständeversammlung

Die königliche Antwort vom 16. Februar 1856 traf wie beabsichtigt noch rechtzeitig vor Abschluß der ständischen Beratungen in Itzehoe ein. Dort verlas sie der Königliche Kommissar am 20. Februar 1856 in der letzten Sitzung der achten Holsteinischen Provinzialständeversammlung.

In der königlichen Eröffnung selbst wird auf die Argumentation der Beschwerdeschrift nicht eingegangen. Vielmehr werden die einzelnen Beschwerdepunkte — die Entlassung von vier Beamten und die „Einführung der Landesmünze", sowie die Wahl des Oberstlieutnants von Kauffmann zum Kurator der Kieler Universität — als unberechtigt beziehungsweise als ungereimt und ungebührlich abgetan[75]. Dies ergebe sich, so wird argumentiert, aus den Gesetzesvorlagen des Ministeriums, welche sowohl die politischen Rechte der Ständeversammlung erweiterten, als auch die Aufhebung früher für nötig erachteter polizeilicher

[72] *Friedrich VII.* an *von Scheele,* 3. Februar 1856 (RAK Arkivnr. 6280, Nachlaß *von Scheele*); *Übersetzung:* Überhaupt bin ich bereit, Dir in Leben und Tod beizustehen, wann immer Du es wünscht. — Dieses, mein Freund, weißt Du, und deshalb brauche mich, wenn Du kannst und willst.

[73] Zu den Ursachen und Hintergründen, die zu der Entlassung von Scheeles führten vgl.: *Dircking-Holmfeld,* S. 5 ff.; *Jansen / Samwer,* S. 51; *Møller,* S. 212 ff.

[74] *Friedrich VII.* an *von Scheele,* 23. April 1857 (RAK Arkivnr. 6280, Nachlaß *von Scheele*).

[75] Holst. Ständezeitung 1855/56, Sp. 655; siehe Anhang II.

Beschränkungen vorsahen. Mit der Beschwerde habe die Ständeversammlung deshalb nicht die „wahren Interessen“ des Herzogtums Holstein vertreten, sondern lediglich ihre eigenen „Sonderinteressen“ verfolgt[76]. Die königliche Erklärung, die der Minister von Scheele selbst kontrasigniert hat, schließt folglich mit der Ablehnung des ständischen Antrages.

Im Anschluß an die Verlesung der Eröffnung hob der Königliche Kommissar im Namen Friedrich VII. die achte Holsteinische Provinzialständeversammlung auf. Daraufhin ergriff der Präsident Scheel-Plessen noch einmal das Wort und forderte die Ständemitglieder trotz der fast beleidigenden königlichen Antwort mit dem Bemerken, „was auch immer über uns verhängt werden möge, unsere unerschütterliche Liebe zu unserm Allergnädigsten Landesherrn wird dadurch nicht wankend gemacht werden“ auf, den König hochleben zu lassen[77].

Dieser in der Form versönlich wirkende Abschluß der ständischen Beratungen konnte aber nicht darüber hinwegtäuschen, daß sich die Front gegen von Scheele durch die königliche Antwort noch weiter verhärtet hatte. Nachdem der Antrag auf Entlassung des verhaßten Ministers in Kopenhagen abgelehnt worden war, setzten die Holsteiner deshalb ihre ganze Hoffnung nun in die bereits am 15. Februar 1856[78] bei dem Oberappellationsgericht in Kiel eingereichte Ministeranklage.

8. Zusammenfassung

Die Untersuchung der Beschwerde hat gezeigt, daß die Vermutungen der Holsteiner, wonach von Scheele die Ernennungen und Entlassungen mehrerer hoher Beamter und Richter ausschließlich auf politische und persönliche Gründe gestützt haben soll, nur bei den Dienstentlassungen der Oberappellationsgerichtsräte Brinckmann und Preusser richtig waren, während in den übrigen Fällen neben politischen Ansichten besonders die fachliche Qualifikation der betreffenden Beamten und Richter im Vordergrund stand. Außerdem sieht die Regierung auch nach Erlaß der Holsteinischen Verfassung vom 11. Juni 1854 die Einsetzung und Entlassung von Beamten und Richtern weiterhin als ein unbedingtes Vorrecht des Königs an. Hieraus folgt, daß die Einführung der genannten Spezialverfassung nicht zu den Änderungen geführt hat, die von Scheele als Königlicher Kommissar vor der siebenten Holsteinischen Provinzialständeversammlung für den Fall der Umwandlung eines absoluten in einen konstitutionell und repräsentativ verfaßten Staat angekündigt hat. Damit zeigte die Regierung, daß sie trotz des

[76] Holst. Ständezeitung 1855/56, Sp. 656; siehe Anhang II.
[77] Holst. Ständezeitung 1855/56, Sp. 656; siehe Anhang II.
[78] LAS Abt. 50 a Nr. 479, Fas. 1.

Erlasses dieser Verfassung im Herzogtum Holstein zumindest in dem hier angesprochenen Bereich weiterhin nach den in absoluten Staaten geltenden Grundsätzen zu regieren beabsichtigte.

IV. Die Anklage vor dem Oberappellationsgericht

In der 20. Sitzung am 1. Februar 1856 hatte die achte Holsteinische Provinzialständeversammlung neben der Beschwerde an den König auch die Erhebung der Anklage gegen den Minister von Scheele beschlossen[1]. Mit der Durchführung des Anklagebeschlusses wurde unter Berücksichtigung des § 14 Satz 1 der Holsteinischen Verfassung der Präsident der Ständeversammlung Scheel-Plessen beauftragt.

Während das gesamte Beschwerdeverfahren einschließlich der Antwort des Königs noch innerhalb der Sitzungsperiode der achten Provinzialständeversammlung abgewickelt werden konnte, war dies bei der Anklage vor dem Oberappellationsgericht nicht möglich. Die Ständeversammlung erklärte sich deshalb damit einverstanden, daß es dem Präsidenten Scheel-Plessen obliege, in dem Verfahren gegen den Minister das „Erforderliche auch nach dem Schlusse dieser Diät wahrzunehmen"[2]. Diese Äußerung der Ständemitglieder macht deutlich, daß die Unterschiede zwischen der Beschwerde und der Anklage nicht nur auf der verfahrensrechtlichen Seite lagen. Im Gegensatz zu der Beschwerdeschrift, die nach der Verlesung von den Ständemitgliedern genehmigt wurde[3], hatte der Präsident Scheel-Plessen bei der Durchführung der Anklage nämlich die Möglichkeit, im Rahmen des von der Ständeversammlung gefaßten Anklagebeschlusses sein Vorgehen selbst zu bestimmen.

Die Anklage hatte laut Beschluß der Ständeversammlung zu erfolgen, weil der Minister von Scheele

> „die Verfassung verletzt und verschiedene organische Gesetze und andere Verfügungen ohne die Genehmigung der Ständeversammlung und ohne dringende Noth erlassen und die dadurch getroffenen Einrichtungen sofort ausgeführt"

hatte[4]. Aus dem recht allgemein gehaltenen Wortlaut des Anklagebeschlusses leitete Scheel-Plessen aber nicht nur das Recht ab, die Verhandlungsführung bestimmen zu können. Obwohl in dem Ausschußbericht die einzelnen die Grundlage der Anklage bildenden Verfügungen aufgeführt waren, nahm er für sich vielmehr außerdem das Recht

---

1 Vgl. oben 3. Teil II 2 a ff.

2 Holst. Ständezeitung 1855/56, Sp. 308.

3 Holst. Ständezeitung 1855/56, Sp. 308; 2. Beilagenheft, Sp. 282 - 285.

4 Holst. Ständezeitung 1855/56, 2. Beilagenheft, Sp. 27.

in Anspruch, eine weitere die Münzverhältnisse im Herzogtum Holstein betreffende Bekanntmachung in den Prozeß einführen zu dürfen[5].

1. Die Vorstellung des Anklägers

Bereits am 15. Februar 1856 reichte der von Scheel-Plessen mit der Prozeßvertretung bevollmächtigte Abgeordnete *Friederici*[6] einen ersten Schriftsatz bei dem Oberappellationsgericht in Kiel ein. In diesem Schreiben gibt Friederici einleitend den Beschluß der Ständeversammlung vom 1. Februar 1856 wieder und zählt dann die einzelnen Verfügungen auf, die den Gegenstand der Anklage bilden[7]. Nach kurzen Rechtsausführungen, deren weitere Vertiefung vorbehalten bleibt, wird für die Hauptsache folgender Antrag angekündigt:

„Das Königliche Oberappellationsgericht wolle für Recht erkennen, daß zur Erlassung folgender, ohne die verfassungsmäßig erforderliche vorgängige Zustimmung der Versammlung der Provinzialstände erlassenen gesetzlichen Verfügungen, nämlich:“

— es folgen die acht bereits oben ausgeführten Verfügungen —

„ein dringender Grund nicht vorhanden gewesen sei, daß diese Verfügungen verfassungswidrig erlassen seien und daß daher der angeklagte Minister ad interim für das Herzogthum Holstein sein Amt verbrochen habe[8].“

Die Eingabe Friedericis schließt mit einem vorläufigen Antrag, in dem das Oberappellationsgericht gebeten wird, einen Verhandlungstermin anzuberaumen und hierzu den Minister von Scheele „durch Ersuchungsschreiben an das Hof- und Stadtgericht in Kopenhagen“ zu laden[9].

2. Die Prüfung der Zulässigkeit der Klage durch das Oberappellationsgericht

Nach dem Eingang dieses Schriftsatzes wurden die Oberappellationsgerichtsräte *Jacob Gustav Malmros* zum Referenten und *Andreas Christian Schmid* zum Korreferenten bestellt. Ihnen oblag es damit, eine Relation bzw. eine Korrelation auszuarbeiten und den Sach- und

---

5 Es handelt sich um die Bekanntmachung für das Herzogtum Holstein, betreffend die Ausdehnung des gegen den Gebrauch der fremden Courantscheidemünze erlassenen Verbots auf den Grenzzolldistrict vom 22. Dezember 1855 (Holst. GMinBl. 1855 Nr. 189).

6 LAS Abt. 50 a Nr. 479, Fas. 1, Anlage 3.

7 LAS Abt. 50 a Nr. 479, Fas. 1, S. 2 f.; außer den sieben in dem Ausschußbericht aufgeführten Verfügungen wird hier auch bereits die die Münzverhältnisse betreffende Bekanntmachung vom 22. Dezember 1855 zum Gegenstand der Anklage gemacht.

8 LAS Abt. 50 a Nr. 479, Fas. 1, S. 5 f.

9 LAS Abt. 50 a Nr. 479, Fas. 1, S. 7; die Ladung erfolgte über das Hof- und Stadtgericht in Kopenhagen, weil der Minister von Scheele sich im Jahre 1856 fast ständig in Kopenhagen aufhielt (Auskunft des Reichsarchivs Kopenhagen).

Streitstand an einem von dem Präsidenten bestimmten Tag den versammelten Richtern des Oberappellationsgerichts vorzutragen (vgl. §§ 36, 37, 40 der Verfügung, betreffend eine provisorische Gerichtsordnung für das Schleswig-Holstein-Lauenburgische Oberappellationsgericht in Kiel, für die Herzogthümer Schleswig und Holstein)[10]. In den am 29. Februar[11] und am 12. März 1856[12] eingereichten Gutachten vertraten die beiden Referenten übereinstimmend die Meinung, daß dem Antrag des Klägers in vollem Umfang zuzustimmen sei. Der Vortrag vor dem gesamten Richterkollegium folgte dann am 22. März 1856.

Nach diesen Beratungen teilte das Oberappellationsgericht dem Kläger durch Schreiben vom 3. April 1856 mit, daß die beantragte Ladung des Angeklagten wegen dessen Teilnahme an den gegenwärtig stattfindenden Sitzungen des Reichsrats zur Zeit nicht erfolgen könne[13]. Der Angeklagte werde aber nach Beendigung der Versammlung zu einem noch zu bestimmenden Verhandlungstermin geladen[14].

Die Ablehnung der Ladung des Angeklagten hatte ihren Grund in § 44 der Verfassung für die gemeinschaftlichen Angelegenheiten der Dänischen Monarchie vom 2. Oktober 1855[15]. Nach § 44 Satz 1 der Gesamtstaatsverfassung kann ein Mitglied des Reichsrats nämlich während der Sitzungsperiode dieses Organs nicht

„wegen Schulden verhaftet werden, eben so wenig gefänglich eingezogen oder in Anklage gesetzt werden, es sei denn, daß es auf frischer That ergriffen würde“.

Mit Schreiben vom 23. April 1856 teilte der Minister von Scheele dem Oberappellationsgericht dann allerdings mit, daß er den Fortgang des gegen ihn gerichteten Verfahrens nicht *„durch formelle Hindernisse“* aufhalten werde. Er wolle deshalb auch keinen Gebrauch von dem ihm als Mitglied des Reichsrats zustehenden Rechten machen[16].

Auf Grund dieser Anzeige sah sich das Oberappellationsgericht genötigt, die Rechtslage hinsichtlich der Anberaumung eines Termins zur mündlichen Verhandlung erneut zu überprüfen. Die Berichterstatter Malmros und Schmid wurden deshalb beauftragt, in einem Gutachten zu den Rechtsfragen, die das Schreiben des Ministers aufwarf, Stellung zu nehmen.

---

10 CS 1834 Nr. 62.

11 Relation des Oberappellationsgerichtsrates *Malmros* (LAS Abt. 50 a Nr. 479, Fas. 2).

12 Korrelation des Oberappellationsgerichtsrates *Schmid* (LAS Abt. 50 a Nr. 479, Fas. 3).

13 Die Sitzungen des Reichsrats dauerten vom 1. März 1856 (vgl. das Einberufungspatent Friedrich VII, Holst. GMinBl. 1856, S. 31) bis zum 2. Juni 1856.

14 LAS Abt. 50 a Nr. 479, Fas. 4.

15 Zur zweiten Gesamtstaatsverfassung siehe oben 1. Teil III 4.

16 LAS Abt. 50 a Nr. 479, Fas. 5, S. 2.

Der Oberappellationsgerichtsrat Malmros stellt in seiner Relation vom 29. April 1856 eingangs fest, daß „der Erlassung eines Ladungsdecretes nichts mehr im Wege“ stehe, wenn die einzelnen Mitglieder des Reichsrats auf die ihnen nach § 44 der gemeinschaftlichen Verfassung zustehenden Rechte wirksam verzichten könnten[17]. Bedenken hiergegen ergeben sich nach Malmros' Ansicht allerdings daraus, daß es sich bei § 44 der gemeinschaftlichen Verfassung um eine Vorschrift auf dem Gebiete des Staatsrechts handele. Im Gegensatz zum Privatrecht sei der einzelne auf diesem Gebiet nämlich grundsätzlich nicht berechtigt, auf die ihm eingeräumten Rechte wirksam zu verzichten. Ein *Verzicht* könne auf dem Gebiet des Staatsrechts ausnahmsweise nur angenommen werden, wenn gewiß sei, daß die dem öffentlichen Recht angehörende Befugnis „dem Betreffenden mehr zu seinem eigenen Vortheil als im Interesse des Ganzen eingeräumt ist“[18].

Bei den anschließenden Untersuchungen des § 44 der gemeinschaftlichen Verfassung kommt Malmros dann zu dem Ergebnis, daß diese Vorschrift nicht „zum Besten der einzelnen Mitglieder“ des Reichsrats erlassen worden sei. Sie habe vielmehr die Aufgabe, die Würde, das Ansehen und die Unabhängigkeit des Reichsrats zu schützen und die Teilnahme aller Mitglieder an den Sitzungen zu ermöglichen. Außerdem gestatte § 44 Satz 1 der gemeinschaftlichen Verfassung die Festnahme eines Reichsratsmitglieds nur für den Fall, daß es auf frischer Tat ergriffen werde[19]. Da weitere Ausnahmen nicht gemacht würden, müsse hieraus gefolgert werden, daß die Verhaftung eines Abgeordneten des Reichsrats selbst dann unstatthaft sei, wenn eine Einwilligung desselben vorliege[20]. Malmros schlägt deshalb vor, dem Minister mitzuteilen, daß er während der Sitzungen des Reichsrats nicht in den Anklagezustand versetzt werde.

Der zweite Berichterstatter Schmid kommt in seinem ebenfalls am 29. April 1856 eingereichten Gutachten zu dem gleichen Ergebnis. Auch er vertritt die Ansicht, daß mit § 44 der gemeinschaftlichen Verfassung lediglich öffentliche und nicht private Interessen geschützt werden sollen[21]. Neben den bereits von Malmros angeführten Argumenten verweist Schmid zur Unterstützung seiner Meinung außerdem auf den dänischen Text des § 44 der gemeinschaftlichen Verfassung. Dort heißt es nämlich in Satz 1:

> „Saalaenge Rigsraadet er samlet, kan intet Medlem uden Rigsraadets Samtykke haeftes for Gjaeld, ei heller faengles eller titales, medmindre han er greben paa fersk Gjerning[22].“

[17] LAS Abt. 50 a Nr. 479, Fas. 6, S. 4.
[18] LAS Abt. 50 a Nr. 479, Fas. 6, S. 6.
[19] LAS Abt. 50 a Nr. 479, Fas. 6, S. 7.
[20] LAS Abt. 50 a Nr. 479, Fas. 6, S. 8.
[21] LAS Abt. 50 a Nr. 479, Fas. 7, S. 6 ff.

Die Anklage eines Mitglieds des Reichsrats ist damit während einer Sitzungsperiode nur mit ausdrücklicher Einwilligung dieses Organs zulässig. Damit zeige der dänische Text eindeutig, daß der Verzicht eines einzelnen Reichsratsmitglieds auf die aus seiner Abgeordnetenstellung folgenden Rechte nicht möglich sei[23].

In der Plenarsitzung am 30. April 1856 schloß sich das gesamte Richterkollegium den Vorschlägen der Berichterstatter an. Daraufhin teilte das Oberappellationsgericht dem Präsidenten der Provinzialständeversammlung Scheel-Plessen durch Bescheid vom 3. Mai 1856 erneut mit, daß die beantragte Ladung erst nach dem Abschluß der derzeit stattfindenden Reichsratssitzungen erfolgen könne[24].

Am 4. Juni 1856, zwei Tage nach Beendigung der Sitzungsperiode des Reichsrats, setzte das Oberappellationsgericht durch ein entsprechendes *Ladungsdekret* den Termin zur mündlichen Verhandlung auf den 4. August 1856 fest[25]. Außerdem wurde den Parteien aufgegeben, ihre *Rezesse* 14 Tage vor dem Termin in neun Exemplaren bei dem Oberappellationsgericht einzureichen[26]. Da der Prozeßbevollmächtigte des Angeklagten, der Advokat Bargum[27], infolge einer Krankheit die Verteidigungsschrift nicht rechtzeitig erstellen konnte, bat er das Oberappellationsgericht mit Schreiben vom 10. Juli 1856 um eine Fristverlängerung und Verschiebung des anberaumten Verhandlungtermins[28]. Mit Verfügung vom 12. Juli 1856 entsprach das Oberappellationsgericht diesem Antrag und setzte als neuen Termin zur mündlichen Verhandlung nunmehr den „25. August d. J. vormittags 11 Uhr“ fest[29].

3. Die Anklageschrift

Am 1. August 1856 wird der Anklagerezeß bei dem Oberappellationsgericht eingereicht. In dieser Schrift wird der Prozeßbevollmächtigte

---

22 Schl. CS 1855 Nr. 100; *Übersetzung:* Solange der Reichsrat versammelt ist, kann kein Mitglied ohne Einwilligung des Reichsrats wegen Schulden haftbar gemacht werden, noch verhaftet oder angeklagt werden, es sei denn, daß er auf frischer Tat ergriffen würde.

In der Übersetzung des zweiten Satzes des § 44 der gemeinschaftlichen Verfassung fehlt die Wendung „ohne Einwilligung des Reichsrats“ (uden Rigsraadets Samtykke) dagegen nicht. Es kann jedoch dahinstehen, ob es sich bei der Übersetzung des ersten Satzes um ein Versehen handelt oder ob die Formel „ohne Einwilligung des Reichsrats“ absichtlich nicht in den deutschen Text aufgenommen worden ist, da im Zweifel von der dänischen Fassung, die dem Reichstag und dem Reichsrat zur Beschlußfassung vorgelegen hat, auszugehen ist.

23 LAS Abt. 50 a Nr. 479, Fas. 7, S. 10.

24 LAS Abt. 50 a Nr. 479, Fas. 8, S. 4.

25 LAS Abt. 50 a Nr. 479, Fas. 9, S. 1.

26 LAS Abt. 50 a Nr. 479, Fas. 9, S. 2.

27 LAS Abt. 50 a Nr. 479, Fas. 12 Anlage.

28 LAS Abt. 50 a Nr. 479, Fas. 12.

des Anklägers, Friederici, als deren Verfasser bezeichnet. Die Korrespondenz zwischen den Gebrüdern Jensen und Karl Samwer läßt allerdings erhebliche Zweifel an der alleinigen Autorenschaft des Advokaten Friederici aufkommen. Bereits Ende März 1856 teilte nämlich *Otto Jensen*, der schon den Ausschußbericht entworfen hatte[30], *Karl Samwer* mit, daß ihm die Ausarbeitung der Anklageschrift übertragen worden sei[31]. Als Samwer darauf antwortete, er sei bereit sein „Scherflein dazu beizutragen, daß der Mensch verurteilt werde"[32], übersandte Otto Jensen ihm Mitte Juni den Entwurf der Anklageschrift mit der Bitte „alles, was aus juristischen, politischen oder stilistischen Gründen verwerflich oder weniger gut ist, zu ändern"[33]. Anfang Juli schickte Samwer das Konzept dann mit dem Bemerken, er habe aus Zeitgründen und wegen des Fehlens „literarischer Hilfsmittel" nicht alle geplanten Änderungen selbst vornehmen können, sondern sich mit ausfüllungsbedürftigen Anmerkungen begnügen müssen. Im allgemeinen seien ihm aber „mehr prinzipielle Erörterungen und mehr Argumentationen aus der Natur der Sache wünschenswert"[34].

Der Briefwechsel und die Notiz auf einem im Nachlaß Otto Jensens befindlichen Exemplars des Anklagerezesses[35] zeigen, daß diese Schrift mit der Unterstützung Samwers gemeinsam von Otto Jensen und *Alexander Friedrich Wilhelm Preusser* entworfen worden ist. Zwar kann nicht mehr festgestellt werden, ob Friederici das von Otto Jensen abgelieferte Konzept vollständig übernommen hat[36]. Wegen der kurzen Frist bis zur Einreichung der Anklage bei dem Oberappellationsgericht ist es jedoch wahrscheinlich, daß größere Änderungen nicht mehr vorgenommen worden sind.

---

29 LAS Abt. 50 a Nr. 479, Fas. 13.

30 Vgl. oben 3. Teil II 2 a dd.

31 *Otto Jensen* an *Samwer*, Ende März 1856 (LAS Abt. 399 Nachlaß *Samwer* Nr. 91); *Rautenberg*, Nr. 34.

32 *Samwer* an *Otto Jensen*, 12. April 1856 (LAS Abt. 399 Nachlaß *Otto Jensen* Nr. 15); *Rautenberg*, Nr. 35.

33 *Otto Jensen* an *Samwer*, Mitte Juni 1856 (LAS Abt. 399 Nachlaß *Samwer* Nr. 92); *Rautenberg*, Nr. 41.

34 *Samwer* an *Otto Jensen*, 2. Juli 1856 (LAS Abt. 399 Nachlaß *Otto Jensen* Nr. 15); *Rautenberg*, Nr. 48. Nachdem Samwer je ein Exemplar der Anklage- und der Verteidigungsschrift erhalten hat (*Hugo Jensen* an *Samwer*, 9. August 1856 / LAS Abt. 399 Nachlaß *Samwer* Nr. 93; *Rautenberg*, Nr. 54), weist er Otto Jensen noch einmal auf die Schwächen der Anklageschrift hin und rät eine „Replik drucken und in termino oder post terminum verteilen zu lassen" (*Samwer* an *Otto Jensen*, 13. August 1856 — LAS Abt. 399 Nachlaß *Otto Jensen* Nr. 13; *Rautenberg* Nr. 45).

35 LAS Abt. 399 Nachlaß Otto Jensen Nr. 9.

36 Hierfür spricht der Wortlaut der oben genannten Notiz: Friederici hat mündlich verhandelt, dieser Anklagerezeß ist von Preußer und mir verfaßt. o. J." (LAS Abt. 399 Nachlaß *Otto Jensen* Nr. 9).

a) Die Prüfung des § 11 der Holsteinischen Verfassung

Nach der Wiedergabe der §§ 11, 13 und 14 der Holsteinischen Verfassung und der einzelnen im Streit befindlichen Verfügungen prüft die Anklage zunächst, ob die verschiedenen Maßnahmen des Ministers von Scheele eine Verletzung der den Ständen durch § 11 der Holsteinischen Verfassung eingeräumten Rechte beinhalten. Diese Vorschrift bestimmt, daß Veränderungen in der Gesetzgebung, die in den amtlichen Wirkungsbereich des holsteinisch-lauenburgischen Ministeriums fallen, erst nach einer entsprechenden Zustimmung durch die Provinzialständeversammlung vorgenommen werden dürfen.

aa) Holsteinische Angelegenheiten

Die Frage, ob die Verfügungen, wegen deren Erlaß der Minister von Scheele angeklagt ist, holsteinische Angelegenheiten betreffen, wird von der Anklage uneingeschränkt bejaht. Ein Zweifel hieran könne nicht bestehen, weil die Verfügungen, die alle im Ministerialblatt der Herzogtümer Holstein und Lauenburg bekannt gemacht worden seien, entweder von dem Minister kontrasigniert oder selbst unterschrieben oder auf seinen Antrag hin erlassen worden seien[37].

bb) Veränderungen in der Gesetzgebung

Anschließend untersucht die Anklage ausführlich, ob es sich bei den Verfügungen, die der Anlaß zu dieser Ministeranklage gewesen sind, um administrative oder um gesetzliche Verfügungen handelt. Diese Unterscheidung ist für die Anklage deshalb von großer Bedeutung, weil nach ihrer Definition nur die *gesetzlichen* Verfügungen eine Veränderung in der Gesetzgebung beinhalten, während die *administrativen* Verfügungen lediglich die Ausführung bereits bestehender gesetzlicher Anordnungen zum Gegenstand haben, aber keine vorhandenen Gesetze ändern. Den Nachweis, daß alle acht im Streit befindlichen Maßnahmen des Ministers von Scheele gesetzliche Verfügungen darstellen, versucht die Verteidigung in einer Einzeluntersuchung zu führen.

Die *Allerhöchste Resolution*, betreffend die Bestellung eines Oberdirektors für die Stadt Kiel sowie eines Kommissars für den umliegenden Güterdistrikt und die Verbindung dieser Ämter mit dem des Kurators der Kieler Universität und des Amtmannes für die Ämter Kiel, Kronshagen und Bordesholm vom 9. Mai 1855[38] enthalte eine dauernde Trennung der Justiz von dem Wirkungskreise des Amtshauses und de-

---

[37] LAS Abt. 50 a Nr. 479, Fas. 14, S. 4.

[38] Holst. GMinBl. 1855 Nr. 130; LAS Abt. 50 a Nr. 479, Fas. 14, S. 22 f.

ren einstweilige Übertragung auf den Amtsschreiber des jeweiligen Amtes. In der Veränderung könne aber nicht lediglich eine Umverteilung der Kompetenzen unter den verschiedenen Beamten gesehen werden. Das ergebe sich vor allem daraus, daß durch diese Verfügung bisher geltende gesetzliche Bestimmungen verändert, eingeschränkt oder aufgehoben worden seien[39].

Auch die Tatsache, daß die nunmehr für die Rechtspflege zuständigen Beamten bereits nach der bisherigen Verfassung der Ämter Kiel, Kronshagen und Bordesholm den Amtmann bei dessen Verhinderung zu vertreten hatten, spreche nicht gegen eine *„Veränderung in der Gesetzgebung"* durch die Allerhöchste Resolution vom 9. Mai 1855. Bei dem hier behandelten Problem komme es auf die Frage, an wen die Rechtspflege für welchen Zeitraum übertragen werde, nämlich gar nicht an[40].

Die *Instruktion* für den Kurator der Kieler Universität, den Oberdirektor der Stadt Kiel und den Kommissar für den benachbarten Güterdistrikt, ebenfalls vom 9. Mai 1855[41], enthält nach Ansicht der Anklage in mehreren Fällen Veränderungen in der Gesetzgebung. So sei dem Kurator nach § 3 Satz 2 die Aufsicht über die gesamte akademische Gerichtsbarkeit unterstellt, während er nach § 15 der Instruk-

---

39 §§ 4 - 6 der Verordnung vom 4. November 1754 (CS 1775 Nr. 1 C); § 3 des Reskripts vom 10. Mai 1765 (CS 1765 Nr. 7); § 1 der Verordnung vom 27. Februar 1769 (CS 1769 Nr. 6); § 1 Satz 2 der Verordnung vom 25. Juli 1781 (CS 1781 Nr. 37); § 1 der Verordnung vom 13. Januar 1797 (CS 1797 Nr. 4); § 1 der Verordnung vom 20. Januar 1797 (CS 1797 Nr. 5); §§ 1, 2 der Verordnung vom 11. Mai 1798 (CS 1798 Nr. 32); § 1 des Patents vom 12. Mai 1824 (CS 1824 Nr. 51); das Stadthalter-Reskript vom 9. August 1831 (CS 1831 Nr. 71); § 52 Satz 1 der Gesindeordnung vom 25. Februar 1840 (CS 1840 Nr. 15).

40 LAS Abt. 50 a Nr. 479, Fas. 14, S. 6 f.; als der neue Amtmann der Ämter Kiel, Kronshagen und Bordesholm, der Oberstlieutnant *von Kauffmann*, auf Grund der Allerhöchsten Resolution vom 9. Mai 1855 und des Ministerialschreibens vom 29. September 1855 (Holst. GMinBl. 1855 Nr. 140; LAS Abt. 50 a Nr. 479, Fas. 14, S. 34) am 30. November 1855 von dem Aktuar *Carstens* in Bordesholm und dem Amtsschreiber und Amtsinspektor für die Ämter Kiel und Kronshagen *Rathleo* jeweils einen Bericht über die erledigten Polizeisachen anforderte und gleichzeitig zur Gewährleistung eines geregelten und einheitlichen Geschäftsganges in den einzelnen Ämtern einige provisorische Bestimmungen erließ (LAS Abt. 50 a Nr. 479, Fas. 14, S. 35), kam es zum Streit. Die Amtsschreiber Carstens und Rathleo beschwerten sich über diese Maßnahme unter Hinweis auf die ihnen nach der Allerhöchsten Resolution vom 9. Mai 1855 mit Ausnahme von Polizeistrafen bis zu zwei mal fünf Tagen Gefängnis bei Wasser und Brot allein zustehende Rechtspflege bei dem Oberkriminalgericht in Glückstadt. Auf den Bericht des Oberkriminalgerichts hin verwarf das Holstein-Lauenburgische Ministerium die Beschwerden mit Schreiben vom 5. Februar 1856. In dieses Antwortschreiben fügte der Minister von Scheele selbst handschriftlich ein, er halte das von den Amtsschreibern Carstens und Rathleo „in dieser Angelegenheit beobachtete Verfahren als ein in hohem Grade ungebührliches und unangemessenes" (LAS Abt. 80 Nr. 1178). Damit zeigte der Minister, daß er die Maßnahmen seines Günstlings von Kauffmann uneingeschränkt unterstützte.

41 Holst. GMinBl. 1855 Nr. 76; LAS Abt. 50 a Nr. 479, Fas. 14, S. 23 ff.

tion vom 13. Juni 1820[42] lediglich die Aufrechterhaltung der Disziplinargerichtsbarkeit gegenüber den Studenten zu überwachen hatte[43].

Weiterhin sei dem Oberdirektor der Stadt Kiel — dieses Amt ist in Personalunion mit dem des Kurators verbunden (§ 11 Abs. 1) — die Ausübung über die städtische Gerichtsbarkeit übertragen (§ 11 Abs. 2). Diese Vorschrift stehe nicht nur im Widerspruch zu § 8 der Instruktion vom 22. November 1780[44], sondern verändere auch die in den §§ 48 - 50 der Gerichtsordnung für die Landesdikasterien vom 15. Mai 1834[45] festgelegten Aufsichtsrechte. Die §§ 48 - 50 der genannten Gerichtsordnung weisen nämlich die Aufsicht über die Untergerichte ausdrücklich und ohne Einschränkung den Oberdikasterien zu.

Aus den §§ 11 - 13 der Instruktion vom 9. Mai 1855 ergibt sich, daß der dem Holstein-Lauenburgischen Ministerium direkt unterstellte Oberdirektor verpflichtet ist, das Ministerium bei der Oberaufsicht über die Stadt Kiel und bei der Aufrechterhaltung und Ausübung der landesherrlichen Hoheits- und Regierungsrechte zu unterstützen. Diese Regelung stehe nicht im Einklang mit den §§ 32, 111 der Städteordnung vom 11. Februar 1854[46]. Nach § 32 der Städteordnung sei der Magistrat die Obrigkeit und das Organ der Regierung. Die Oberaufsicht über die Städte und die landesherrlichen Hoheits- und Regierungsrechte übe das Ministerium für die Herzogtümer Holstein und Lauenburg gem. § 111 Satz 1 der Städteordnung aus. Die in den §§ 11 bis 13 der Instruktion vom 9. Mai 1855 getroffene Regelung enthalte nun insofern eine Veränderung, als durch sie zwischen dem Magistrat und dem Ministerium eine neue *„Mittelbehörde"* geschaffen werde[47].

Dem Magistrat werde außerdem das Aufsichtsrecht über das Polizeigericht eingeräumt (§ 14). Während diese Vorschrift im Widerspruch zu den bereits erwähnten §§ 48 - 50 der Gerichtsordnung für die Landesdikasterien stehe, existiere für die dem Oberdirektor gem. § 15 erteilte Befugnis, Personalarreste „auf die gesetzlich zulässige Weise" zu verhängen, bislang überhaupt kein Gesetz.

Dem Kurator und Oberdirektor, der gleichzeitig Kommissar für den benachbarten Güterdistrikt ist (§ 16 Satz 1), wird schließlich in den

[42] CS 1820 Nr. 60; die Anklage geht nicht darauf ein, daß die Instruktionen für den Kurator der Kieler Universität vom 13. Juni 1820 und vom 10. Juli 1832 (CS 1832 Nr. 69) durch die Instruktion vom 9. Mai 1855 ausdrücklich aufgehoben werden.

[43] LAS Abt. 50 a Nr. 479, Fas. 14, S. 7.

[44] CS 1780 Nr. 70; auch in diesem Fall erwähnt die Anklage nicht die Aufhebung der Instruktion vom 22. November 1780 durch die Instruktion vom 9. Mai 1855.

[45] CS 1834 Nr. 64.

[46] Holst. GMinBl. 1854 Nr. 35.

[47] LAS Abt. 50 a Nr. 479, Fas. 14, S. 8.

§§ 17 - 21 auferlegt, die amtliche Aufsicht über den genannten Bezirk in der Weise zu führen, wie dies früher von der vormaligen Schleswig-Holsteinischen Provinzialregierung geschehen ist. Nach Ansicht der Anklage wird durch diese Anordnung nicht nur die Instruktion für die Schleswig-Holsteinische Provinzialregierung vom 15. Mai 1834[48] verändert, sondern die Regelung stehe auch im Widerspruch zu dem allgemeinen Gesetz über die Errichtung der Provinzialstände vom 28. Mai 1831[49] und der Allerhöchsten Bekanntmachung vom 28. Januar 1852[50]. Damit greife die Instruktion vom 9. Mai 1855 sogar in ein Gesetz ein, welches als Basis der gegenwärtigen staatlichen Ordnung angesehen werde[51].

Die Anklage wendet sich ferner gegen die Verfügung, betreffend die *Organisation der Verwaltung und der Rechtspflege* in der Herrschaft Pinneberg vom 19. Mai 1855[52]. Diese Verfügung trennt die bisher von der Landdrostei der Herrschaft Pinneberg wahrgenommene Rechtspflege und überträgt sie auf einen noch zu bestellenden Justizbeamten (§ 1 Abs. 1 Satz 1). Hiermit seien dieselben Veränderungen in der Herrschaft Pinneberg vorgenommen worden, wie dies bei der Trennung der Justiz von der Verwaltung in den Ämtern Kiel, Kronshagen und Bordesholm geschehen sei.

In einigen Punkten gehe die Verfügung vom 19. Mai 1855 aber noch um vieles weiter. So werde gem. § 2 Abs. 1 Satz 1 für die Rechtspflege ein neuer „Justizbeamter unter dem Namen Landrichter bestellt". Damit werde eine *neue* Justizbehörde geschaffen, was nur durch Gesetz geschehen könne[53]. Außerdem behalte der Landdrost gem. § 1 Abs. 1 Satz 2 die Befugnis die der polizeilichen Ahndung unterliegenden Handlungen mit einer Strafe bis zu zwei mal fünf Tagen Gefängnis bei Wasser und Brot zu belegen. Zwar stehe den Oberbeamten in den anderen Landesdistrikten eine derartige Strafgewalt auch zu. Diese Beamten seien im Gegensatz zu dem Landdrosten von Pinneberg, der nach der Verfügung vom 19. Mai 1855 nur noch Verwaltungsaufgaben

---

48 CS 1834 Nr. 63.

49 CS 1831 Nr. 49.

50 Zum Inhalt der Allerhöchsten Bekanntmachung vom 28. Januar 1852 vgl. oben 1. Teil III 2.

51 LAS Abt. 50 a Nr. 479, Fas. 14, S. 9.

52 Holst. GMinBl. 1855 Nr. 77; LAS Abt. 50 a Nr. 479, Fas. 14, S. 29 ff.; ein Entwurf einer Verfügung, betreffend die Organisation der Verwaltung und der Rechtspflege in der Herrschaft Pinneberg befindet sich bereits in dem pflichtgemäßen Bericht des damaligen Landdrosten von Scheele an das Holstein-Lauenburgische Ministerium vom 23. August 1853. Mit diesem Entwurf stimmt die hier behandelte Verfügung wörtlich überein (LAS Abt. 80 Nr. 1180).

53 LAS Abt. 50 a Nr. 479, Fas. 14, S. 9.

zu erfüllen habe, jedoch auch Richter in ihren Distrikten[54]. Schließlich unterliege der Landrichter gem. § 3 Abs. 5 der Aufsicht durch die Landdrostei. Darin liege ein Verstoß gegen die §§ 48 - 50 der Gerichtsordnung für die Landesdikasterien.

Der Minister von Scheele wird weiterhin wegen des Erlasses der Bekanntmachung für das Herzogtum Holstein, betreffend die fremde *Kurant-Scheidemünze* vom 29. August 1855[55] angeklagt. Die Bekanntmachung verbietet den Untertanen im Herzogtum Holstein vom 1. Oktober 1855 an, sich beim Handel und Wandel fremder Kurant-Scheidemünzen zu bedienen und droht bei Zuwiderhandlungen als Strafe die Einziehung der fremden Münzen an. Hamburgische und lübeckische Schillinge bleiben von diesem Verbot allerdings zunächst ausgenommen. Außerdem werden durch die Bekanntmachung die Verordnungen vom 29. Mai 1775, vom 10. März 1777 und vom 5. Januar 1778 erneut eingeschärft[56].

Die Anklage ist der Ansicht, die Bekanntmachung enthalte nur dann keine Veränderungen in der Gesetzgebung, wenn die genannten Verordnungen sich noch in rechtlicher Geltung befänden und das Verbot, im Handel keine fremden Münzen zu verwenden, auch tatsächlich enthielten. Dies sei allerdings nicht der Fall. Während die erstgenannte Verordnung lediglich die herzoglich mecklenburgischen Münzen nicht gestattete, erweiterten die Verordnungen vom 10. März 1777 und vom 5. Januar 1778 dieses Verbot und zwar allgemein auf fremde Münzsorten, nähmen das hamburgische und lübeckische Kurantgeld hiervon aber besonders aus. Durch die Verordnung vom 29. Februar 1788[57] seien außerdem sämtliche bisher ergangene Verordnungen, die das Münzwesen in den Herzogtümern beträfen, aufgehoben worden (vgl. § 4 Abs. 4)[58].

Die Anklage weist ferner darauf hin, daß auch nach dem Erlaß der jetzt erneut eingeschärften Verordnungen noch mehrere Verfügungen des Gesetzgebers ergangen seien, die die Verwendung fremder Münzen als Zahlungsmittel gestatteten[59]. Durch die Verordnung vom 26. Juni 1844[60], wonach von den königlichen Kassen nur noch inländische Mün-

---

[54] LAS Abt. 50 a Nr. 479, Fas. 14, S. 10.

[55] Holst. GMinBl. 1855 Nr. 126; LAS Abt. 50 a Nr. 479, Fas. 14, S. 37.

[56] Die genannten Verordnungen sind weder in der systematischen noch in der chronologischen Gesetzessammlung, sondern nur in der Anklageschrift abgedruckt (LAS Abt. 50 a Nr. 479, Fas. 14, S. 35 ff.).

[57] CS 1788 Nr. 20; LAS Abt. 50 a Nr. 479, Fas. 14, S. 37.

[58] LAS Abt. 50 a Nr. 479, Fas. 14, S. 11.

[59] Zirkular vom 15. Oktober 1814 (CS 1814 Nr. 91) und vom 22. Oktober 1814 (CS 1814 Nr. 92).

[60] CS 1844 Nr. 84.

zen angenommen werden sollten (§ 1), sei zwar eine weitere Einschränkung erfolgt. Im Privatverkehr sei es jedoch weiterhin erlaubt gewesen, abweichende Vereinbarungen zu treffen (§ 4). Obwohl § 3 des Patents vom 10. Februar 1854[61] nun allein inländische Münzsorten als gesetzlich gangbare Münzen sowohl bei den königlichen Kassen als auch im Privatverkehr bezeichne (§ 3), bleibe die Möglichkeit „durch Privatberedung im einzelnen Falle jede beliebige Münzsorte zum Zahlungsmittel zu machen". Dies ergebe sich daraus, daß sich das Patent vom 10. Februar 1854 nur auf die gesetzlichen und nicht auf die im Privatverkehr frei vereinbarten Zahlungsmittel beziehe[62].

Die eine *Neuregelung des Geschäftskreises* des Amtmanns in den Ämtern Reinbeck, Trittau und Tremsbüttel betreffenden Allerhöchsten Resolutionen vom 13. und 25. September 1855[63] enthalten nach Ansicht der Anklage bezüglich der Trennung der Justiz von der Verwaltung die gleichen Veränderungen in der Gesetzgebung wie die Allerhöchste Resolution für die Ämter Kiel, Kronshagen und Bordesholm vom 9. Mai 1855; bezüglich der Organisation der Verwaltung könne auf die Ausführungen zu der Verfügung für die Herrschaft Pinneberg verwiesen werden.

Gegenstand der Anklage sind weiterhin die Instruktion für den Kommissar der adeligen Güter Ahrensburg, Blumendorf u. s. w. vom 27. September 1855[64] und die mittels Ministerialschreiben vom 29. September 1855 bekanntgemachte Allerhöchste Resolution, betreffend die dem Amtshause für die Ämter Kiel, Kronshagen und Bordesholm zustehende Polizeistrafgewalt vom 25. September 1855[65]. Während die Vorschriften der Instruktion von 27. September 1855 fast wörtlich mit dem Inhalt der §§ 16 - 22 der Instruktion für den Kurator der Kieler Universität, den Oberdirektor der Stadt Kiel und den Kommissar für den benachbarten Güterdistrikt vom 9. Mai 1855 übereinstimmten, übertrage die Allerhöchste Resolution vom 25. September 1855 dem Amtmann für die Ämter Kiel, Kronshagen und Bordesholm ähnliche Polizeiaufgaben wie dem Landdrosten der Herrschaft Pinneberg und erweiterte darüber hinaus die dem Amtmann auf Grund der Allerhöchsten Resolution vom 9. Mai 1855 eingeräumten Befugnisse[66].

Den letzten Anklagepunkt bildet die Bekanntmachung, betreffend die Ausdehnung des gegen den Gebrauch der Kurant-Scheidemünze

---

[61] Holst. GMinBl. 1854 Nr. 18.
[62] LAS Abt. 50 a Nr. 479, Fas. 14, S. 12.
[63] Holst. GMinBl. 1855 Nr. 254; LAS Abt. 50 a Nr. 479, Fas. 14, S. 31 f.
[64] Holst. GMinBl. 1855 Nr. 137; LAS Abt. 50 a Nr. 479, Fas. 14, S. 33 f.
[65] Holst. GMinBl. 1855 Nr. 140; LAS Abt. 50 a Nr. 479, Fas. 14, S. 34
[66] LAS Abt. 50 a Nr. 479, Fas. 14, S. 13.

erlassenen Verbots auf den Grenzkontrolldistrikt vom 22. Dezember 1855[67]. Neben den bereits bei der Prüfung der Bekanntmachung vom 29. August 1855 festgestellten Änderungen in der Gesetzgebung enthalte diese Bekanntmachung dadurch, daß sie vom 1. Januar 1856 an die Verwendung hamburgischer und lübeckischer Scheidemünzen auch im Grenzkontrolldistrikt verbiete, noch einen weiteren Vorstoß gegen bestehende Gesetze[68]. Damit verändern alle im Streit befindlichen Verfügungen nach Ansicht der Anklage derzeit bestehende Gesetze.

cc) Vorgängige Zustimmung der Provinzialständeversammlung

Nach dieser Prüfung untersucht die Anklage die Frage, ob die Verfügungen der vorhergehenden Zustimmung durch die Provinzialständeversammlung bedurften. Hierbei werden zunächst die Motive zu § 11 der Holsteinischen Verfassung herangezogen. Danach tritt das Erfordernis der Zustimmung durch die Ständeversammlung nur „in demselben Umfang ein, in welchem gegenwärtig, in Gemäßheit der im § 4 des allgemeinen Gesetzes vom 28. Mai 1831 enthaltenen Bestimmung das Recht der Berathung stattfindet“[69]. Aus § 4 des genannten Gesetzes vom 28. Mai 1831[70] ergibt sich, daß nur „Entwürfe solcher allgemeiner Gesetze, welche Veränderungen in Personen- und Eigenthumsrechten und in Steuern und öffentlichen Lasten zum Gegenstand haben“ beiden ständischen Versammlungen der Herzogtümer oder, „soweit sie ein Herzogthum allein angehen, der ständischen Versammlung dieses Herzogthums“ zur Beratung vorgelegt werden.

Gegen diese *einschränkende Auslegung des* § 11 der Holsteinischen Verfassung meldet die Anklage verschiedene Bedenken an. So lasse sich die in den Motiven vorgenommene Schlußfolgerung nicht aus dem Wortlaut des § 11 herleiten. Außerdem sei ein Rückgriff auf die Motive wegen des klaren und eindeutigen Inhalts der genannten Vorschrift gar nicht zulässig[71]. Der einschränkenden Auslegung widersprächen schließlich die Motive zu § 12 der Verfassung für das Herzogtum Schleswig vom 15. Februar 1854[72], also einer Vorschrift, die bis auf einige unbeachtliche Punkte den gleichen Wortlaut wie § 11

[67] Holst. GMinBl. 1855 Nr. 189; LAS Abt. 50 a Nr. 479, Fas. 14, S. 38; an der südlichen Grenze des holsteinischen Zollvereinsgebiets ist ein Grenzzolldistrikt errichtet, dessen durchschnittliche Breite eine Meile beträgt (vgl. § 1 des Patents für das Herzogtum Holstein, betreffend die Kontrollmaßregeln im Grenzzolldistrikt vom 15. April 1854; Holst. GMinBl. 1854 Nr. 73).

[68] LAS Abt. 50 a Nr. 479, Fas. 14, S. 14.

[69] Holst. Ständezeitung 1853, 1. Beilagenheft, Sp. 40.

[70] CS 1831 Nr. 49.

[71] LAS Abt. 50 a Nr. 479, Fas. 14, S. 14.

[72] Schl. CS 1854 Nr. 43.

der Holsteinischen Verfassung habe. Nach den Motiven zu § 12 der Schleswigschen Verfassung stehe der Provinzialständeversammlung nämlich „in allen zu dem künftigen Wirkungskreis des Ministeriums für das Herzothum Schleswig gehörigen Angelegenheiten eine beschließende Stimme“ zu[73]. Denselben Worten in der Holsteinischen und der Schleswigschen Verfassung könne aber durch Auslegung kein vollends unterschiedlicher Sinn beigegeben werden[74].

Nach Ansicht der Anklage hätten die den Gegenstand des Verfahrens bildenden Verfügungen aber selbst bei einer Beschränkung der ständischen Befugnisse auf die in § 4 des allgemeinen Gesetzes vom 28. Mai 1831 genannten Fälle nicht ohne die Zustimmung der Provinzialständeversammlung erlassen werden dürfen. Sowohl die sich auf die Kurant-Scheidemünze beziehenden Verfügungen vom 29. August und vom 22. Dezember 1855, als auch die die Veränderungen in der Organisation und Stellung der Gerichte und des Geschäftsbereichs der Verwaltungsbehörden betreffenden Anordnungen des Ministeriums seien bei ihrer offenbaren Rückwirkung auf die Verhältnisse der Bürger als Veränderungen in Personen- und Eigentumsrechten im Sinne des § 4 des allgemeinen Gesetzes vom 28. Mai 1831 anzusehen[75]. Außerdem habe das Ministerium dadurch, daß es der achten Provinzialständeversammlung den Entwurf einer Gerichtsverfassung für das Herzogtum Holstein vorgelegt habe[76], selbst zu erkennen gegeben, daß auch nach seiner Ansicht derartige Maßnahmen nicht ohne die ständische Zustimmung erlassen werden könnten. Da aber insbesondere die Verfügung für die Herrschaft Pinneberg in mehreren Vorschriften fast wörtlich mit der geplanten Gerichtsverfassung übereinstimme, könne für sie nichts anderes gelten[77].

Die Anklage stellt abschließend fest, daß auch Verfügungen, die nur einen *Teil* des Herzogtums Holstein betreffen, als allgemeine Gesetze im Sinne des § 4 des allgemeinen Gesetzes vom 28. Mai 1831 anzusehen seien. Dies folge zum einen aus der Überlegung, daß die Regierung sonst durch den Erlaß mehrerer Anordnungen, die jeweils

---

[73] Schl. Ständezeitung 1853/54, 1. Beilagenheft, Sp. 231.

[74] LAS Abt. 50 a Nr. 479, Fas. 14, S. 15. Auf den Regierungsentwurf einer neuen Holsteinischen Verfassung, der nebst Motiven der achten Provinzialständeversammlung zur Beratung vorgelegen hat, geht die Anklage nicht ein. In den Motiven zu dem dortigen § 11 wird der Provinzialständeversammlung — wie bereits im Herzogtum Schleswig geschehen — ganz allgemein ein Zustimmungsrecht für alle die besonderen Angelegenheiten des Herzogtums Holstein betreffenden Gesetze eingeräumt (Holst. Ständezeitung 1855/56, 1. Beilagenheft, Sp. 172).

[75] LAS Abt. 50 a Nr. 479, Fas. 14, S. 15.

[76] Holst. Ständezeitung 1855/56, 1. Beilagenheft, Sp. 134 ff.

[77] LAS Abt. 50 a Nr. 479, Fas. 14, S. 16.

nur in einem Gerichtsbezirk gelten sollen, die Möglichkeit habe, die an sich erforderliche Zustimmung der Provinzialständeversammlung auf diese Weise zu unterlaufen. Zum anderen sei das Ministerium, wie die Motive zu dem Entwurf eines Patents, betreffend den Rekurs in Zunftsachen aus der Stadt Altona[78] zeigten, offensichtlich auch der Meinung, es handele bei diesem lediglich den Bereich der Stadt Altona umfassenden Patent um ein allgemeines Gesetz. In den Motiven führt das Ministerium nämlich aus, daß die Aufhebung des § 9 des Patents vom 11. Dezember 1827[79] die vorgängige Zustimmung der Ständeversammlung voraussetze[80]. Damit sei die Regierung auch bei Anwendung einer engen Auslegung des § 11 der Holsteinischen Verfassung nicht berechtigt gewesen, die im Streit befindlichen Verfügungen ohne die vorherige Zustimmung durch die Provinzialständeversammlung zu erlassen[81].

b) *Die Prüfung des § 13 der Holsteinischen Verfassung*

Eine vorgängige Zustimmung sei allerdings nicht erforderlich gewesen, wenn die Voraussetzungen der Ausnahmeregelung des § 13 der Holsteinischen Verfassung vorlägen. Nach dieser Vorschrift dürfen Verfügungen, mit Ausnahme organischer Gesetze, in dringenden Fällen, wenn die Stände weder versammelt sind, noch in der sich aus den Umständen ergebenden Zeitspanne zusammengerufen werden können, nämlich auch ohne deren vorgängige Zustimmung provisorisch erlassen werden.

Nach Ansicht der Anklage ist bei keiner Verfügung, wegen der der Minister angeklagt ist, ein dringender Fall gegeben. Dies gelte sowohl für die beiden die Münzverhältnisse betreffenden Bekanntmachungen als auch für die übrigen Verfügungen, die zum Teil nur wenige Monate oder Wochen vor dem Zusammentritt der achten Provinzialständeversammlung am 27. Dezember 1855 ergangen seien[82].

Bei den fraglichen Verfügungen handele es sich auch um provisorische Verfügungen im Sinne des § 13 der Holsteinischen Verfassung. Die Maßregeln seien zwar nicht ausdrücklich als *„provisorische"* bezeichnet worden. Es sei jedoch davon auszugehen, daß diejenigen gesetzlichen Verfügungen, die die in § 11 der Holsteinischen Verfassung vorgeschriebene ausdrückliche Bezugnahme auf die ständische Zustimmung nicht enthielten, dadurch deutlich als provisorisch erlassene

---

[78] Holst. Ständezeitung 1855/56, 1. Beilagenheft, Sp. 219.

[79] CS 1827 Nr. 169.

[80] Holst. Ständezeitung 1855/56, 1. Beilagenheft, Sp. 221.

[81] LAS Abt. 50 a Nr. 479, Fas. 14, S. 16.

[82] LAS Abt. 50 a Nr. 479, Fas. 14, S. 17.

zu erkennen seien[83]. Im übrigen seien die Verfügungen mit Ausnahme der die Münzverhältnisse betreffenden Bekanntmachungen sogar *organische Gesetze,* die nicht einmal provisorisch ohne eine vorherige Zustimmung der Provinzialständeversammlung erlassen werden durften[84].

c) Die Prüfung des § 14 der Holsteinischen Verfassung

Zum Abschluß der rechtlichen Ausführungen wendet sich die Anklage der Prüfung des § 14 der Holsteinischen Verfassung zu. Nach § 14 Satz 1 ist die Ständeversammlung befugt, durch ihren Präsidenten bei dem Oberappellationsgericht gegen den Minister für die Herzogtümer Holstein und Lauenburg Klage zu erheben, wenn nach ihrer Meinung ein dringender Grund zum Erlaß einer provisorischen Verfügung nicht vorhanden gewesen ist.

Die Anklage vertritt die Ansicht, daß § 14 der Holsteinischen Verfassung, der nach seinem Wortlaut die Ministeranklage nur gegen provisorische Verfügungen zuläßt, auch auf organische Gesetze angewendet werden müsse. Dies ergebe sich zunächst daraus, daß der Erlaß organischer Gesetze ohne die Zustimmung der Stände eine schwerere Verfassungsverletzung enthalte als der Erlaß einer provisorischen Verfügung ohne vorherige ständische Mitwirkung und daß ein solches Vorgehen gem. § 13 der Holsteinischen Verfassung ausdrücklich ausnahmslos verboten sei. Eine derart schwere Verletzung der Verfassung dürfe nach dem Sinn und Zweck des § 14 der Holsteinischen Verfassung aber nicht von der Überprüfung ausgenommen werden. Schließlich sei der in Bezug auf die organischen Gesetze recht ungenaue Wortlaut des § 14 dadurch entstanden, daß die Worte „mit Ausnahme von organischen Gesetzen" erst durch einen Abänderungsantrag während der ständischen Beratungen in den § 13 der Holsteinischen Verfassung aufgenommen worden seien[85]. Damit seien alle Verfügungen, wegen deren Erlaß der Minister angeklagt sei, von dem Oberappellationsgericht im Rahmen dieser Ministeranklage auf ihr verfassungsmäßiges Zustandekommen hin überprüfbar.

d) Der Antrag

Nach den rechtlichen Ausführungen weist die Anklage kurz darauf hin, daß der Minister besonders den Vollzug der beiden die Münz-

83 LAS Abt. 50 a Nr. 479, Fas. 14, S. 18.

84 LAS Abt. 50 a Nr. 479, Fas. 14, S. 19.

85 Holst. Ständezeitung 1853, Sp. 983; die Anklage erwähnt allerdings nicht, daß die Provinzialständeversammlung sich bei eben diesen Beratungen entsprechend dem Antrag des Ausschusses mit 32 gegen 13 Stimmen für eine Aufhebung des § 14 der Holsteinischen Verfassung ausgesprochen hat (Holst. Ständezeitung 1853, Sp. 983 f.; 2. Beilagenheft, Sp. 285 f.).

verhältnisse betreffenden Bekanntmachungen mit strengen Maßregeln, wie etwa Bücher- und Kassenuntersuchungen durchgesetzt habe[86]. Die Anklageschrift schließt dann mit dem bereits in der Vorstellung angekündigten Antrag[87].

4. Die Verteidigungsschrift

Bei der Verteidigungsschrift, die am 24. Juli 1856 bei dem Oberappellationsgericht in Kiel eingereicht wird, bestehen im Gegensatz zum Anklagerezeß keine Zweifel, daß der Prozeßbevollmächtigte des Angeklagten auch der alleinige Verfasser dieses Schriftsatzes ist. Der Advokat *Bargum* hat nämlich bereits bei seiner Rede vor der Provinzialständeversammlung am 1. Februar 1856 anläßlich der Schlußberatung über den Antrag des Abgeordneten von Blome gezeigt, daß er sich mit den Rechtsproblemen dieser Proposition ausführlich beschäftigt hat[88]. Da Bargums Ausführungen dem Minister von Scheele ausgezeichnet gefielen[89], lag es nahe, daß dieser ihm die Führung des Prozesses übertrug. Zu einer Abschlußbesprechung über die Verteidigungsschrift traf der Minister, der vom 20. bis zum 28. Juli 1856 eine Reise durch das Herzogtum Holstein unternahm, dann am 20. Juli 1856 in Bordesholm mit dem Advokaten Bargum zusammen[90].

Bevor sich die Verteidigung mit den einzelnen Rechtsfragen der Ministeranklage beschäftigt, gibt sie einleitend in einem kurzen Abriß den bisherigen Verfahrensgang wieder, zählt die im Ladungsgesuch aufgeführten Verfügungen, die den Gegenstand der Anklage bilden, auf und schließt mit dem von der Anklage angekündigten Antrag[91].

a) Formell-rechtliche Einwände gegen die Anklage

Die Verteidigung stellt zunächst fest, daß die unter Nr. 8 in das Ladungsgesuch aufgenommene Bekanntmachung vom 22. Dezember 1855 weder in dem Ausschußbericht erwähnt noch in den ständischen Beratungen erörtert worden ist[92]. Folglich könne die Bekanntmachung durch den Beschluß der Ständeversammlung auch nicht Gegenstand dieses Verfahrens geworden sein. Die Verteidigung verzichtet

---

86 LAS Abt. 50 a Nr. 479, Fas. 14, S. 20 f., 38 ff.

87 LAS Abt. 50 a Nr. 479, Fas. 14, S. 21; vgl. oben 3. Teil IV 1.

88 Holst. Ständezeitung 1855/56, Sp. 231 - 253.

89 *von Scheele* an *Friedrich VII*, 2. Februar 1856 (RAK Kongehusarkivet Friedrich VII, III 9, 14 - 18).

90 *von Scheele* an *Friedrich VII*, 24. Juli 1856 (RAK Kongehusarkivet Friedrich VII, III 9, 14 - 18).

91 LAS Abt. 50 a Nr. 479, Fas. 15, S. 1 ff.

92 LAS Abt. 50 a Nr. 479, Fas. 15, S. 8.

wegen der engen Verbindung zu der unter Nr. 5 des Ladungsgesuchs aufgeführten Bekanntmachung vom 29. August 1855 allerdings auf eine formelle Einrede.

Wichtiger als die Diskrepanz zwischen den im Ausschußbericht und den im Ladungsgesuch angegebenen Verfügungen sei jedoch der Umstand, daß die Ständeversammlung in dem entsprechenden Beschluß nicht festgelegt habe, wegen welcher Verfügungen der Minister angeklagt werden solle. Eine *genaue* Bezeichnung der einzelnen Maßregeln, die nach dem Willen der Ständeversammlung den Gegenstand der Anklage bilden sollen, sei aber erforderlich, da es weder im freien Ermessen des als Ankläger fungierenden Präsidenten der Ständeversammlung stehe, den Rahmen der Ministeranklage abzustecken, noch die Aufgabe des Oberappellationsgerichts sei, durch Interpretation des Ausschußberichts herauszufinden, welche Gesetze und Verfügungen nach dem Willen der Ständeversammlung in diesen Prozeß eingeführt werden sollen[93].

Zwar will die Verteidigung auch in diesem Punkt keine formelle Einrede erheben. Sie weist jedoch darauf hin, daß eine eventuelle Ausdehnung auf andere als die im Ladunggesuch genannten Verfügungen im Laufe des Verfahrens nach ihrer Ansicht nicht zulässig sei.[94].

b) Materiell-rechtliche Einwände gegen die Anklage

An den Anfang der materiell-rechtlichen Untersuchung stellt die Verteidigung die Frage, in welchen Grenzen im Herzogtum Holstein nach der dort bestehenden Verfassung eine Anklage gegen einen Minister überhaupt zulässig ist. Da die Ministerverantwortlichkeit in den Verfassungsgesetzen der einzelnen Bundestaaten sehr unterschiedlich geregelt ist, kann nach Ansicht der Verteidigung nicht auf das *allgemeine* deutsche Staatsrecht zurückgegriffen werden. Zur Ermittlung des Rahmens, in dem das Oberappellationsgericht die Verantwortlichkeit eines Ministers überprüfen dürfe, seien vielmehr allein die *speziellen* Vorschriften der Holsteinischen Verfassung heranzuziehen[95]. Nach den §§ 11, 13, 14 dieser Verfassung sei eine Ministeranklage nur begründet, wenn folgende Voraussetzungen von dem Ankläger behauptet und bewiesen würden:

— die den Gegenstand der Anklage bildenden Allerhöchsten Resolutionen seien als provisorische Verfügungen erlassen,

---

[93] LAS Abt. 50 a Nr. 479, Fas. 15, S. 9.
[94] LAS Abt. 50 a Nr. 479, Fas. 15, S. 11.
[95] LAS Abt. 50 a Nr. 479, Fas. 15, S. 12.

— sie hätten nach ihrem Inhalt und ihrer Art der Zustimmung durch die Ständeversammlung bedurft,

— zu ihrem Erlaß habe kein dringender Grund vorgelegen.

Über die engen Grenzen, die damit durch die Verfassung selbst gezogen worden seien, habe die Regierung die Ständeversammlung allerdings anläßlich der Beratungen der Holsteinischen Verfassung in der siebenten Provinzialständeversammlung eingehend informiert[96]. Außerdem handele es sich bei § 14 um eine *Strafbestimmung*, die folglich keine Analogie auf ähnliche Regierungshandlungen zulasse[97].

aa) Provisorische Gesetze

Nach Ansicht der Verteidigung hat eine gesetzliche Verfügung provisorischen Charakter i. S. d. §§ 13, 14 der Holsteinischen Verfassung nur, wenn

> „unzweifelhaft und auch von der Regierung anerkannt ist, daß sie zur fortdauernden Gültigkeit der ständischen Zustimmung bedarf, wenn sie daher nach der Absicht der Regierung überhaupt nur provisorische Gültigkeit haben soll und diese Gültigkeit von der Regierung selbst der Verfügung beigelegt ist"[98].

Alle übrigen provisorischen Verfügungen, zu deren Erlaß es der Mitwirkung der Stände in keinem Fall bedurfte[99], seien im Rahmen einer Ministeranklage im Herzogtum Holstein dagegen nicht überprüfbar.

Die Regierung habe die im Streit befindlichen Maßregeln aber nicht als provisorische Verfügungen erlassen. Damit sei das Oberappellationsgericht nicht berechtigt, in eine Sachprüfung einzutreten, da es sonst den ihm von der Verfassung eingeräumten *Zuständigkeitsbereich* überschreiten würde. Die Verteidigung ist allerdings der Ansicht, daß die Regierung die Verfassung verletzt habe, wenn die Verfügungen der Zustimmung durch die Stände bedurft hätten[100].

bb) Zustimmung durch die Provinzialständeversammlung

Bevor die Verteidigung die Frage nach der Zustimmungsbedürftigkeit der einzelnen Verfügungen untersucht, bestimmt sie den Rahmen,

---

[96] LAS Abt. 50 a Nr. 479, Fas. 15, S. 17.

[97] Holst. Ständezeitung 1853, Sp. 804; 1. Beilagenheft, Sp. 40 ff.

[98] LAS Abt. 50 a Nr. 479, Fas. 15, S. 14.

[99] B.: Provisorische Instruktion vom 11. Dezember 1838 (CS 1838 Nr. 201); Provisorisches Regulativ vom 18. April 1844 (CS 1844 Nr. 52); Patent vom 21. Januar 1846 (CS 1846 Nr. 11); Provisorisches Bahn-Polizei-Reglement vom 3. Dezember 1846 (CS 1846 Nr. 180); Provisorisches Regulativ vom 28. September 1854 (Holst. GMinBl. 1854 Nr. 182).

[100] LAS Abt. 50 a Nr. 479, Fas. 15, S. 22.

in dem nach ihrer Ansicht eine Mitwirkung der Provinzialständeversammlung bei dem Erlaß von Regierungsmaßregeln erforderlich ist.

α) Allgemeine Unterscheidungskriterien

Die Verteidigung stellt zunächst fest, daß diese Problematik nicht in absoluten Monarchien, sondern nur in konstitutionellen Staaten auftauchen könne, weil nur dort die gesetzgebende Gewalt durch die der Volksrepräsentation verliehenen Mitwirkungsrechte beschränkt sei. Diese Beschränkung habe zur Folge, daß von der Regierung ohne die vorgeschriebene Anhörung oder Genehmigung durch die Volksrepräsentation erlassene Anordnungen verfassungswidrig seien. Für die Beantwortung der Frage, ob es sich um zustimmungsbedürftige — für die Gruppe schlägt die Verteidigung die Bezeichnung *Gesetz* oder *eigentliches Gesetz* vor — oder um nicht zustimmungsbedürftige Verfügungen — diese will die Verteidigung als *Regierungsverfügungen* oder *Regierungsmaßregeln* bezeichnen — handele, seien zwar die allgemeinen Grundsätze des Staatsrechts heranzuziehen. In dem hier zu entscheidenden Fall müsse die Grenze zwischen einem Gesetz und einer Regierungsverfügung jedoch letztlich allein auf Grund der derzeit im Herzogtum Holstein geltenden Verfassung bestimmt werden[101].

Aus § 11 der Holsteinischen Verfassung i. V. m. § 4 des Gesetzes vom 28. Mai 1831 ergibt sich nach der Meinung der Verteidigung, daß lediglich „allgemeine Gesetze, welche Veränderungen in Personen- und Eigenthumsrechten und in den Steuern oder öffentlichen Lasten zum Gegenstand haben" der Zustimmung durch die Provinzialständeversammlung bedürfen. Eine Maßnahme der Regierung sei dann ein allgemeines Gesetz i. S. d. § 4, wenn sie sich über das gesamte Gebiet des Herzogtums Holstein erstrecke und dauernde Geltung haben solle. Aus diesem Grunde hätte die Regierung Maßnahmen, die für einzelne Distrikte oder vorübergehend erlassen worden seien, selbst wenn sie Veränderungen in den Personen- und Eigentumsrechten und in den Steuern oder öffentlichen Lasten beinhalteten, mit Recht immer ohne die Mitwirkung der Provinzialständeversammlung durch Allerhöchste Verfügungen vorgenommen[102].

Die Verteidigung stellt außerdem fest, daß den Ständen im Herzogtum Holstein wie auch in den übrigen Staaten des Deutschen Bundes lediglich bei der Gesetzgebung „im engeren Sinne", nicht aber bei der Verwaltung ein Recht auf Mitwirkung zustehe. Da zur Verwaltung

101 LAS Abt. 50 a Nr. 479, Fas. 15, S. 23 ff.

102 B.: Bekanntmachung vom 9. Januar 1838 (CS 1838 Nr. 2); Patent vom 11. Mai 1847 (CS 1847 Nr. 88); Verordnung vom 4. Oktober 1851 (Holst. GBl. 1851 Nr. 39); Verfügung vom 23. Dezember 1851 (Holst. GBl. 1851 Nr. 62); Bekanntmachung vom 6. Dezember 1852 (Holst. GMinBl. 1852 Nr. 71); Ministerialreskript vom 7. Dezember 1854 (Holst. GMinBl. 1854 Nr. 194).

in dem hier benutzten Sinne neben anderem vor allen Dingen die Handhabung und Vollziehung der Gesetze gehöre, verstießen folglich die Regierungsverfügungen, welche

„a) die Errichtung und Organisation der Gerichts- und sonstigen Behörden,
b) die ihnen zu ertheilenden Instructionen und die Anordnungen wegen Vertheilung der Geschäfte,
c) die Maaßregeln wegen der über ihre Thätigkeit zu führenden Aufsicht,
d) die zur Vollziehung der Gesetze erforderlichen Strafen und sonstigen Zwangsmittel"

beträfen, auch wenn sie von der Regierung allein und ohne die Mitwirkung der Ständeversammlung erlassen worden wären, nicht gegen die Verfassung[103].

β) Prüfung der einzelnen Verfügungen

Bevor die Verteidigung sich den einzelnen Verfügungen zuwendet, widerspricht sie noch der Ansicht der Anklage, wonach es sich bei den im Streit befindlichen Maßregeln mit Ausnahme der beiden die Münzverhältnisse betreffenden Bekanntmachungen sogar um *„organische Gesetze"* handelt. Die Verteidigung vertritt zu diesem Punkt die Auffassung, daß nur diejenigen Gesetze, die eine Änderung der Verfassung selbst beinhalten, organische Gesetze i. S. d. § 13 der Holsteinischen Verfassung sind. Zur Begründung wird auf § 24 der Holsteinischen Verfassung verwiesen, wonach Verfassungsänderungen in keinem Fall durch provisorische Verfügungen herbeigeführt werden können. Da nun § 13 der Holsteinischen Verfassung den Erlaß von provisorischen Verfügungen ohne vorherige ständische Zustimmung bei organischen Gesetzen in keinem Fall zulasse, folge aus dem Zusammenspiel der beiden Vorschriften, daß nur die verfassungsändernden Normen organische Gesetze seien[104]. Keine der acht Verfügungen, die den Gegenstand der Anklage bilden, enthalte allerdings eine Veränderung der derzeit geltenden Holsteinischen Verfassung.

Die Verteidigung ist der Ansicht, daß die Allerhöchsten Resolutionen vom 9. Mai und vom 25. September 1855, betreffend die Ämter Kiel , Kronshagen und Bordesholm, die Verfügung vom 19. Mai 1855, betreffend die Organisation der Verwaltung und der Rechtspflege in der Herrschaft Pinneberg und die Allerhöchsten Resolutionen für die Ämter Reinbeck, Trittau und Tremsbüttel vom 13. und 25. September 1855 die Holsteinische Verfassung nicht verletzen, obwohl sie alle Bestimmungen darüber enthalten, wie die Justiz- oder Verwaltungsgeschäfte in den jeweiligen Bezirken neu auf die bereits vorhandenen bzw. auf die noch zu schaffenden Beamtenstellen verteilt

---

[103] LAS Abt. 50 a Nr. 479, Fas. 15, S. 36.
[104] LAS Abt. 50 a Nr. 479, Fas. 15, S. 37.

werden sollen. Eine Verfassungsregelung liege schon deshalb nicht vor, weil es zu der in den genannten Verfügungen geregelten Materie noch keine allgemeinen Landesgesetze gebe. Lediglich wegen der Organisation des Oberappellationsgerichts und Holsteinischen Oberdikasterien seien bislang umfangreiche Verfügungen erlassen worden. Die provisorische Oberappellationsgerichtsordnung sei lange in Kraft geblieben, obwohl sie den Ständen nicht zur Beratung vorgelegt worden sei; die Gerichtsordnung für die Holsteinischen Oberdikasterien habe die Regierung zu Recht ohne ständische Mitwirkung in mehreren Punkten verändert[105].

Mit dem Erlaß der fraglichen Verfügungen habe die Regierung außerdem nur von dem ihr zustehenden *„Regierungsrecht im engeren Sinne"*, das durch die Verfassung nicht beschränkt sei, Gebrauch gemacht. Es sei nämlich die Aufgabe und das Recht der Regierung zu bestimmen, wie die Vollziehung der Gesetze am sichersten und zweckmäßigsten erreicht werden könne. Hierher gehörten sowohl die Neuverteilung der Geschäfte in einzelnen Gerichtsbezirken als auch die Änderung der Gerichtsbezirke selbst[106]. Die Regierung habe deshalb sämtliche Maßregeln, die diese Bereiche beträfen, ohne die Mitwirkung der Stände angeordnet[107]. Hiergegen hätten sich die Provinzialstände bisher auch nicht gewehrt. Sie seien dazu aber verpflichtet gewesen, wenn sich das von der Regierung durchgeführte Verfahren nach ihrer Ansicht nicht im Einklang mit der Verfassung befunden habe. Das Schweigen der ständischen Vertretung lasse damit nur den Schluß zu, daß sie in dem Vorgehen der Regierung in den Jahren von 1834 bis 1855 ebenfalls keinen Verfassungsverstoß erblickt habe[108].

Die Instruktionen für den Kurator der Kieler Universität, sowie Oberdirektor der genannten Stadt und Kommissar des benachbarten Güterdistrikts vom 9. Mai 1855 und für den Kommissar der adeligen

---

105 B.: Kanzleischreiben vom 24. Juni 1837 (CS 1837 Nr. 87) und vom 12. Mai 1843 (CS 1843 Nr. 96).

106 LAS Abt. 50 a Nr. 479, Fas. 15, S. 38.

107 B.: Kanzleischreiben vom 31. Dezember 1836 (CS 1836 Nr. 178) und vom 11. März 1837 (CS 1837 Nr. 27); Reskript vom 24. September 1838 (CS 1838 Nr. 145); Allerhöchste Resolution vom 5. Februar 1839 (CS 1839 Nr. 21); Kanzleischreiben vom 16. Februar 1841 (CS 1841 Nr. 25) und vom 5. März 1842 (CS 1842 Nr. 49); Patent vom 7. September 1842 (CS 1842 Nr. 137) und vom 17. Dezember 1842 (CS 1842 Nr. 203); Kanzleischreiben vom 25. Februar 1843 (CS 1843 Nr. 46); Patent vom 15. März 1844 (CS 1844 Nr. 38) und vom 3. März 1845 (CS 1845 Nr. 47); Kanzleischreiben vom 11. März 1845 (CS 1845 Nr. 50), vom 21. Oktober 1845 (CS 1845 Nr. 165) und vom 9. März 1847 (CS 1847 Nr. 47); Regulativ vom 7. Dezember 1847 (CS 1847 Nr. 162); Patent vom 16. März 1853 (Holst. GMinBl. 1853 Nr. 31); Allerhöchste Resolution vom 19. November 1854 in der Bekanntmachung vom 11. Dezember 1854 (Holst. GMinBl. 1854 Nr. 224).

108 LAS Abt. 50 a Nr. 479, Fas. 15, S. 42.

Güter Ahrensburg, Blumendorf u. s. w. vom 27. September 1855 enthalten nach Ansicht der Verteidigung keine die Personen- und Eigentumsrechte der Bürger betreffenden Bestimmungen. Außerdem würden die Justizbeamten durch diese Instruktionen nicht der Aufsicht der Verwaltungsbeamten in der Form unterworfen, daß sie von deren Weisungen abhängig seien. Die angefochtenen Instruktionen enthielten vielmehr eindeutige Bestimmungen dafür, daß die Kommissare nicht in den Gang der Justiz eingreifen dürften[109]. Eine allgemeine Aufsicht der Oberbeamten über die Justizverwaltung, wie sie die hier behandelten Instruktionen normierten, sei schließlich nichts Neues[110]. Die Regierung sei deshalb berechtigt gewesen, die Instruktionen ebenfalls ohne die Mitwirkung der Stände zu erlassen[111].

Die Frage nach der Zustimmungsbedürftigkeit der einzelnen Verfügungen wird durch die Überprüfung der die Münzangelegenheiten im Herzogtum Holstein regelnden Bekanntmachungen vom 29. August und vom 22. Dezember 1855 abgeschlossen. Die Verteidigung ist der Ansicht, daß es sich bei diesen Bekanntmachungen lediglich um Regierungsmaßnahmen handelt, die zur Durchführung des von den Ständen mit beratenen Patents über die veränderte Benennung des bestehenden Münzfußes und die Regulierung der Münzsorten vom 10. Februar 1854[112] dienen[113]. Im übrigen seien neben den im Streit befindlichen Bekanntmachungen noch mehrere Maßregeln zur Ausführung des genannten Münzpatents erlassen worden[114].

Die Verteidigung geht außerdem auf die in den Bekanntmachungen enthalten *Zwangsmittel* ein[115]. Nach ihrer Auffassung stellen weder die Strafandrohungen, für deren einseitigen Erlaß zur Ausführung von Polizeiverordnungen es eine Vielzahl von Beispielen gebe[116], noch die

---

109 Vgl. §§ 11, 15, 22 der Instruktion vom 9. Mai 1855 und § 6 der Instruktion vom 27. September 1855.

110 Vgl. die Verfügungen vom 13. März 1801 (CS 1801 Nr. 12) und vom 17. Juli 1801 (CS 1801 Nr. 32 a).

111 LAS Abt. 50 a Nr. 479, Fas. 15, S. 43 f.

112 Holst. GMinBl. 1854 Nr. 18.

113 Die Beratung des Patents vom 10. Februar 1854 erfolgte in der siebenten Holsteinischen Provinzialständeversammlung (Holst. Ständezeitung 1853, Sp. 839 - 850, 903 - 910). Den Empfehlungen des Ausschusses folgend forderten die Stände eine Zurückstellung dieses Gesetzes, bis in Hamburg und Lübeck eine entsprechende Münzregulierung vorgenommen worden sei (Holst. Ständezeitung 1853, Sp. 911).

114 Bekanntmachung vom 10. Februar 1854 (Holst. GMinBl. 1854 Nr. 30); Zirkular vom 22. Februar 1854 (Holst. GMinBl. 1854 Nr. 31) und vom 14. März 1854 (Holst. GMinBl. 1854 Nr. 101); Bekanntmachung vom 28. April 1855 (Holst. GMinBl. 1855 Nr. 63) und vom 27. Mai 1854 (Holst. GMinBl. 1854 Nr. 102); Zirkular vom 6. Juli 1854 (Holst. GMinBl. 1854 Nr. 128); Bekanntmachung vom 31. August 1855 (Holst. GMinBl. 1855 Nr. 127).

115 LAS Abt. 50 a Nr. 479, Fas. 15, S. 47 ff.

Möglichkeit, die fremden Münzen einzuziehen, einen Verstoß gegen die Holsteinische Verfassung dar. Die Androhung, die verbotenen Münzen gegebenenfalls einzuziehen, sei auch keine Vermögenskonfiskation. Eine derartige Maßnahme habe vielmehr den Charakter einer Strafe, durch welche der Gegenstand des Gesetzbruchs „aus dem Verkehr entfernt werden" solle[117]. Solche Strafen seien durch die Regierung aber ständig ohne die Mitwirkung der Stände angedroht und ausgeführt worden[118].

Zur Unterstützung ihrer Auffassung zeigt die Verteidigung abschließend am Beispiel des *Königreichs Sachsen*, daß die Münzgesetze in anderen Staaten in der gleichen Weise durchgeführt worden sind. Wie die holstein-lauenburgische habe auch die sächsische Regierung, nachdem die Münzverfassung für das Königreich Sachsen unter Mitwirkung der Stände am 20. Juli 1840[119] erlassen worden sei, in mehreren Maßregeln bei Zuwiderhandlungen gegen die Münzverfassung Strafen angedroht und die Einziehung verbotener Münzsorten angeordnet[120]. Diese Maßregeln, die nur die Vollziehung der Münzverfassung gewährleisten sollten, habe die sächsiche Regierung folglich zu Recht den Ständen nicht zur Beratung vorgelegt[121].

Die Verteidigung kommt damit zu dem Ergebnis, daß es sich bei den acht im Streit befindlichen Verfügungen lediglich um Regierungsmaßregeln handele, die die Regierung kraft ihrer Exekutivgewalt auch ohne die Mitwirkung der Provinzialständeversammlung erlassen durfte.

cc) Dringender Grund

Die Anordnung und Durchführung der fraglichen Verfügungen sei außerdem dringend notwendig gewesen und hätte nicht aufgeschoben

116 Verordnung vom 8. Januar 1836 (CS 1836 Nr. 1); Plakat vom 8. Juni 1838 (CS 1838 Nr. 84); Patent vom 13. September 1841 (CS 1841 Nr. 149); Regulativ vom 9. April 1842 (CS 1842 Nr. 70); Reskript vom 29. August 1851 (Holst. ABl. 1851 Nr. 50); Reglement vom 28. April 1853 (Holst. GMinBl. 1853 Nr. 42) und vom 18. Mai 1853 (Holst. GMinBl. 1853 Nr. 48); Verordnung vom 18. Mai 1854 (Holst. GMinBl. 1854 Nr. 105; Lauenburgisches Wochenblatt 1854 Nr. 16).

117 LAS Abt. 50 a Nr. 479, Fas. 15, S. 48.

118 Bekanntmachung vom 23. August 1851 (Holst. ABl. 1851 Nr. 49); Zirkular vom 31. August 1852 (Holst. GMinBl. 1852 Nr. 19); § 78 Abs. 2 der Instruktion vom 3. März 1853 (Holst. GMinBl. 1853 Nr. 18); Anordnung vom 2. September 1854 (Lauenburgisches Wochenblatt 1854 Nr. 25) sowie mehrere Bekanntmachungen, die die Einziehung von Druckerzeugnissen anordnen.

119 Sächs. GVOBl. 1840 Nr. 61.

120 Gesetz vom 22. Juli 1840 (Sächs. GVOBl. 1840 Nr. 63); Verordnung vom 8. September 1841 (Sächs. GVOBl. 1841 Nr. 51) und vom 22. Januar 1842 (Sächs. GVOBl. 1842 Nr. 7).

121 LAS Abt. 50 a Nr. 479, Fas. 15, S. 49 f.

werden können. Dies gelte für die Neuverteilung der Justiz- und Verwaltungsgeschäfte in der Herrschaft Pinneberg und in den Ämtern Reinbeck, Trittau und Tremsbüttel, weil dort eine ordnunggemäße Erledigung der anfallenden Aufgaben nicht mehr gewährleistet war. In den übrigen Ämtern ergebe sich die Dringlichkeit der Regierungsmaßregeln aus der Tatsache, daß sie vor der Wiederbesetzung der vakanten Oberbeamtenstellen erfolgen mußten. Der unverzügliche Erlaß der Instruktionen für den Oberdirektor, den Kurator und die Kommissare sei eine notwendige Folge ihrer Ernennung, denn die genannten Beamten hätten ihren Dienst sonst nicht antreten können. Die dringende Notwendigkeit, Maßnahmen zur Durchführung der Münzgesetze treffen zu müssen, folge schließlich aus der Reaktion der Bevölkerung, die sich den betreffenden Vorschriften widersetze[122].

c) Der Antrag

Zum Abschluß ihrer rechtlichen Ausführungen geht die Verteidigung kurz auf den von der Anklage gestellten Antrag ein[123]. Sie vertritt hierzu die Auffassung, daß das Oberappellationsgericht die Frage, ob zum Erlaß der im Streit befindlichen Verfügungen ein dringender Grund nicht vorhanden gewesen sei, gar nicht untersuchen dürfe, weil eine Entscheidung dieses Problems nur für den hier nicht gegebenen Fall, daß es sich um provisorische Verfügungen handelt, vorgesehen sei. Auch über den weiteren Antrag der Anklage, das Gericht möge erkennen, daß die fraglichen Verfügungen verfassungswidrig erlassen seien, werde das Oberappellationsgericht keine Entscheidung treffen dürfen. Dies ergebe sich aus § 14 der Holsteinischen Verfassung, wonach die Ministeranklage nicht auf diese Frage ausgedehnt werde. Das Oberappellationsgericht werde schließlich in seinem Urteil nicht aussprechen können, daß der Minister sein Amt verbrochen habe. Diese Tatsache sei gem. § 14 Satz 3 der Holsteinischen Verfassung nämlich nicht Inhalt bzw. Gegenstand des Urteils, sondern dessen Folge.

Da die Verteidigung glaubte dargelegt zu haben, daß die Ministeranklage unbegründet war, beantragte sie

„daß der Citant mit seiner unbegründeten Klage abzuweisen und zur Erstattung der durch dieselbe erwachsenen Kosten schuldig sei“[124].

---

[122] LAS Abt. 50 a Nr. 479, Fas. 15, S. 52.
[123] LAS Abt. 50 a Nr. 479, Fas. 15, S. 53 ff.
[124] LAS Abt. 50 a Nr. 479, Fas. 15, S. 55.

5. Die mündliche Verhandlung

Dem Ladungsdekret entsprechend begann die mündliche Verhandlung am 25. August 1856 um 11.00 Uhr vor dem Oberappellationsgericht in Kiel. Zu dem Termin waren sowohl der Ankläger, Baron von Scheel-Plessen, als auch der angeklagte Minister von Scheele persönlich erschienen. Außerdem befand sich eine Deputation der Ständeversammlung mit dem Baron von Blome an der Spitze im Zuschauerraum[125]. Auch die übrigen für das Publikum bestimmten Plätze „waren von Anfang an voll besetzt"[126].

Zu Beginn der mündlichen Verhandlung erteilte das Oberappellationsgericht dem Vertreter des Anklägers, dem Obergerichtsadvokaten Friederici, das Wort. In seinem Vortrag, der bis gegen 13.15 Uhr dauerte[127], beschränkte sich Friederici auf eine inhaltliche Wiedergabe der Anklageschrift[128]. Auch der Advokat Bargum, der im Anschluß an die Rede Friedericis die Ansichten der Verteidigung darlegte, hielt sich in seinem Plädoyer streng an die dem Gericht vorliegende Verteidigungsschrift[129].

Danach ging der Obergerichtsadvokat Friederici in einer ausführlichen Erwiderung auf die von der Verteidigung gegen die Anklage erhobenen Einwände ein. Im Hauptteil seiner Rede erläuterte er, daß es für die Frage, ob ein Gesetz provisorisch erlassen sei oder nicht, auf dessen Bezeichnung nicht ankommen könne, weil der Minister sonst die Möglichkeit habe, sich seiner Verantwortlichkeit gegenüber den Ständen willkürlich zu entziehen. Frederici erklärte außerdem, daß nur das *Oberappellationsgericht* und nicht die Regierung über die Abgrenzung zwischen Gesetzen, die der ständischen Zustimmung bedürfen, und Verordnungen, die allein von der Regierung erlassen werden können, zu entscheiden habe[130].

Nach der Rede des klägerischen Anwalts ergriff dann der Advokat Bargum noch einmal das Wort. In seinen Ausführungen, in denen er sich mit der Replik der Anklage auseinandersetzte, entwickelte er allerdings keine neuen Gedanken, sondern wies die Angriffe der An-

---

125 Neue Preußische Zeitung vom 30. August 1856 (Nr. 203).

126 Vossische Zeitung vom 28. August 1856 (Nr. 201); in der Vossischen Zeitung vom gleichen Tage heißt es außerdem: „Das Publikum verhielt sich im Ganzen sehr ruhig, nur ein paarmal fand der Präsident des höchsten Gerichts sich veranlaßt, eine Aufforderung zur Ruhe und zur Unterlassung von Beifallsbezeugungen ergehen zu lassen."

127 Vossische Zeitung vom 28. August 1856 (Nr. 201).

128 Die mündliche Verhandlung, S. 3 - 9.

129 Die mündliche Verhandlung, S. 9 - 15.

130 Die mündliche Verhandlung, S. 16 ff. Die Replik des Obergerichtsadvokaten Friederici dauerte von 15.30 bis 19.30 Uhr; Vossische Zeitung vom 28. August 1856 (Nr. 201).

klage vielmehr ausschließlich mit den bereits in der Verteidigungsschrift dargelegten Argumenten zurück[131]. Gegen 21.30 Uhr schloß das Oberappellationsgericht die mündliche Verhandlung[132].

6. Das Urteil

Das am 1. September 1856 um 14.30 verkündete Urteil[133] beginnt mit einer Darstellung des Sach- und Streitgegenstandes[134]. In den Entscheidungsgründen prüft das Oberappellationsgericht dann zunächst, ob der die Grundlage der Anklage bildende Beschluß der Ständeversammlung von 1. Februar 1856 mit der erforderlichen Bestimmtheit gefaßt worden ist. Das Gericht stellt hierzu fest, daß zwar keine der fraglichen Verfügungen in dem Anklagebeschluß ausdrücklich erwähnt worden ist. Da der Beschluß jedoch die Formulierung „in Gemäßheit des Ausschußantrages" enthalte, seien sieben Verfügungen, die in dem Ausschußbericht vom 25. Januar 1856 einzeln aufgeführt seien[135], mit hinreichender Bestimmtheit bezeichnet. Die Bekanntmachung vom 22. Dezember 1855, die Münzangelegenheiten betreffe, werde dagegen in dem Ausschußbericht nicht erwähnt. Sie dürfe damit bei der Prüfung der Anklage nicht berücksichtigt werden, weil die Ministeranklage sich nach dem Beschluß der Provinzialständeversammlung nur auf die in dem Ausschußbericht behandelten Verfügungen erstrecken könne[136].

Das Oberappellationsgericht steckt anschließend die Grenzen, in denen nach der Holsteinischen Spezialverfassung eine Überprüfung der Ministerverantwortlichkeit erfolgen kann, ab. Bei dieser Untersuchung kommt das Gericht zu dem Ergebnis, daß es lediglich die Frage, ob provisorische Verfügungen von dem Minister ohne dringenden Grund erlassen worden seien, überprüfen dürfe. Eine derartige Beschränkung des Anklagerechts stehe auch im Einklang mit § 13 und werde darüberhinaus durch die Motive zu § 14 der Holsteinischen Verfassung bestätigt[137].

Aus dieser Feststellung folgert das Oberappellationsgericht dann, daß es nicht berechtigt sei, die Frage, ob die im Streit befindlichen

---

131 Die mündliche Verhandlung, S. 19 ff.

132 Altonaer Mercur vom 27. August 1856 (Nr. 202); Vossische Zeitung vom 28. August 1856 (Nr. 201); Die mündliche Verhandlung, S. 22.

133 Correspondenzblatt und Kieler Wochenblatt vom 1. September 1856 (Nr. 103).

134 LAS Abt. 50 a Nr. 479, Fas. 17, S. 1 - 12; siehe Anhang I.

135 Holst. Ständezeitung 1855/56, 2. Beilagenheft, Sp. 18 ff.

136 LAS Abt. 50 a Nr. 479, Fas. 17, S. 14; siehe Anhang I.

137 LAS Abt. 50 a Nr. 479, Fas. 17, S. 16 ff.; siehe Anhang I.

Verfügungen provisorischer Natur seien und ob sie zu ihrer definitiven Gültigkeit der ständischen Zustimmung bedürften, zu entscheiden. Eine derart umfassende Überprüfungsbefugnis stände nämlich im Widerspruch zu dem Wortlaut des § 14 der Holsteinischen Verfassung und sei außerdem, wie die Beratungen der siebenten Holsteinischen Provinzialständeversammlung zeigten[138], gar nicht beabsichtigt gewesen[139].

Auf Grund dieser Beschränkung der Ministeranklage kommt das Oberappellationsgericht zu dem Ergebnis, daß es „nicht kompetent sei, eine Entscheidung über die erhobene Anklage abzugeben", weil ein Urteil in der Sache selbst gerade die außerhalb des zulässigen Prüfungsrahmens liegenden Fragen nach dem Charakter der Verfügungen mit beantworten würde[140].

7. Zusammenfassung

Die Untersuchung der Anklage hat gezeigt, daß sich das Oberappellationsgericht voll den Ansichten der Verteidigung angeschlossen hat[141]. Diese Entscheidung entsprach zwar nicht den Wünschen und Vorstellungen vieler Holsteiner[142]. Gemessen an den einschlägigen Vorschriften der Holsteinischen Verfassung ist sie jedoch nicht zu beanstanden[143]. Das Oberappellationsgericht hat sich nämlich in seinem Urteil zu Recht allein auf die für die Ministeranklage im Herzogtum Holstein geltenden Normen gestützt. Dem Antrag der Anklage, auch den Charakter der einzelnen Verfügungen und deren eventuelle Zustimmungsbedürftigkeit durch die Ständeversammlung zu überprüfen, konnte es dagegen nicht folgen, weil diese Forderungen ihre Grundlage nicht in der damals geltenden Holsteinischen Verfassung fanden.

---

138 Vgl. Holst. Ständezeitung 1853, Sp. 799 - 826, 948 - 980; 2. Beilagenheft, Sp. 277 - 300.

139 LAS Abt. 50 a Nr. 479, Fas. 17, S. 19 ff.; siehe Anhang I.

140 LAS Abt. 50 a Nr. 479, Fas. 17, S. 23; siehe Anhang I.

141 Ein Wort über die Entscheidung des Oberappellationsgerichts, S. 6 ff.

142 *Döhring* SchlHA 1959, 229 (235); *Lüders* SchlHA 1934, 241 (243); *Tagg*, S. 12.

143 Die Entscheidung fiel allerdings nicht einstimmig aus. Während *Boysen* meint, das Gericht habe sich mit 6 : 2 Stimmen für „inkompetent" erklärt (*Boysen* S. 19), behauptet *Burchardi*, er und „noch zwei Mitglieder des Kollegiums hielten die erhobene Anklage für zulässig und das Eingehen auf ihre Begründung für notwendig" (*Burchardi*, Lebenserinnerungen, S. 157). Nach der Vossischen Zeitung endlich sollen der Präsident Dumreicher und die neu ernannten Oberappellationsgerichtsräte Francke, Schreiter und Schmid für eine Abweisung der Klage gestimmt haben, während Burchardi, Malmros, Fontenay und Prehn „gegen von Scheele" waren, so daß die Stimme des Präsidenten „den Ausschlag zu Gunsten der Inkompetenzerklärung gegeben" habe (Vossische Zeitung vom 4. September 1856 — Nr. 207).

Man wird deshalb, auch wenn das Oberappellationsgericht ohne die vorangegangene Umbesetzung[144] möglicherweise eine andere Entscheidung gefällt hätte[145], nicht von einem politischen[146], sondern von einem *juristischen Urteil* sprechen müssen. Das Oberappellationsgericht hat sich, wie die Entscheidungsgründe klar belegen, in diesem „politischen Prozeß" nämlich nicht von politischen Motiven leiten lassen. Das Urteil wird vielmehr allein auf den Wortlaut der geltenden Holsteinischen Verfassung gestützt, der eine andere als die getroffene Entscheidung bei korrekter juristischer Interpretation nicht zuließ.

[144] Vgl. oben 3. Teil III 3.
[145] *von Hedemann-Heespen*, S. 689; *Tiedemann*, S. 216.
[146] *Boysen*, S. 19.

Vierter Teil

Das Ergebnis

Die Untersuchung der Verfahren gegen den Minister von Scheele zeigt den Rahmen, die Voraussetzungen und die Grenzen für die Möglichkeiten, einen Minister im konstitutionellen Staat vom Parlament zur Rechenschaft zu ziehen. Insoweit können diese Verfahren im Herzogtum Holstein als beispielhaft für die Verhältnisse der politischen Kräfte und der verfassungsrechtlichen Realitäten im Zeitalter des Konstitutionalismus gelten.

Nach § 17 der Holsteinischen Verfassung vom 11. Juni 1854 konnte die Provinzialständeversammlung lediglich über den Erlaß bestimmter Verwaltungsmaßregeln bei dem Monarchen Vorschläge und Anträge einreichen oder Beschwerde führen[1]. Die Entscheidung über solche von der Provinzialständeversammlung vorgelegten Eingaben stand allerdings allein dem König zu. Nur von ihm hing es ab, ob der Beschwerde stattgegeben wurde oder nicht. So war die *Exekutivgewalt des Souveräns* durch das der Ständeversammlung eingeräumte Recht der Beschwerde an den König weder unmittelbar noch mittelbar eingeschränkt. Folglich enthielt § 17 der Holsteinischen Verfassung auch keine für den konstitutionellen Staat charakteristischen Kontrollrechte, mit denen die Provinzialständeversammlung die Einhaltung der Gesetze und insbesondere der Verfassung erzwingen konnte.

Im Gegensatz zu § 17 oblag bei der in § 14 der Holsteinischen Verfassung geregelten Ministeranklage die Entscheidung nicht dem Souverän, sondern dem Oberappellationsgericht; die Holsteinische Verfassung enthielt also eine *gerichtliche Ministerverantwortlichkeit*[2]. Der Rahmen, in dem der Minister für die Herzogtümer Holstein und Lauenburg vor dem Oberappellationsgericht wirklich zur Rechenschaft gezogen werden konnte, war — das hat die Untersuchung der

---

[1] Eine dem § 17 der Holsteinischen Verfassung vergleichbare Vorschrift findet sich in fast allen Verfassungen des 19. Jahrhunderts; vgl. etwa § 140 der Verfassungsurkunde für das Königreich Sachsen vom 4. September 1831 (Sächs. GVOBl. 1831, S. 271); § 102 Abs. 4 des Landesverfassungsgesetzes für das Königreich Hannover vom 5. September 1848 (GS 1848, S. 285); § 66 des Staatsgrundgesetzes für die Fürstentümer Waldeck und Pyrmont vom 23. Mai 1849 (RegBl. 1849, S. 38); siehe auch Pistorius, S. 32 ff.

[2] Vgl. oben 2. Teil V.

Ministeranklage gezeigt — allerdings derart begrenzt, daß von einer voll ausgeprägten Ministerverantwortlichkeit nicht die Rede sein kann. Mit der in § 14 der Holsteinischen Verfassung normierten Ministeranklage konnte die Provinzialständeversammlung nämlich Gesetzes- und Verfassungsverletzungen eines Ministers nicht wirksam gegenübertreten, weil sich der Minister einer eventuellen Anklage dadurch entziehen konnte, daß er die Gesetze jeweils *„definitiv"* und nicht, wie es § 14 der Holsteinischen Verfassung vorschrieb, lediglich *„provisorisch"* erließ.

Die Ministeranklage der Holsteinischen Verfassung vom 11. Juni 1854 gab der Provinzialständeversammlung also nicht die Möglichkeit, Maßnahmen der Exekutive im Rahmen einer Anklage gegen einen Minister vor einem unabhängigen Staatsgerichtshof inhaltlich voll auf ihre Vereinbarkeit mit der Verfassung und den bestehenden Gesetzen überprüfen zu lassen. Damit konnte auch die Ministeranklage des § 14 der Holsteinischen Verfassung die dem Institut der Ministerverantwortlichkeit gesetzte Aufgabe im konstitutionellen Staat nicht erfüllen, weil sie dem Prinzip der Unverantwortlichkeit des Staatsoberhaupts nicht gleichwertig gegenüberstand. Da aber erst die Verbindung zwischen der Unverantwortlichkeit des Staatsoberhaupts und der voll ausgeprägten Ministerverantwortlichkeit den *„Schlußstein des Konstitutionalismus"* bildet, war dieser im Herzogtum Holstein unter der Verfassung vom 11. Juni 1854 noch nicht voll entwickelt. Wo es deshalb an einer inhaltlichen Präzisierung der Ministerverantwortlichkeit im Verfassungstext der deutschen Staaten mangelt, konnte diese nicht zum Gegenstand einer irgendwie gearteten Einflußnahme von anderer Seite als der des Monarchen auf die vollziehende Gewalt gemacht werden.

Der Prozeß gegen den Minister von Scheele brachte diesen Umstand zum öffentlichen Bewußtsein. In Schleswig-Holstein beriet man deshalb in den nächsten Jahren über eine Verbesserung der holsteinischen Spezialverfassung durch Erweiterung der Ministeranklage, doch blieb den Bemühungen der Erfolg versagt[3]. Das galt auch für die Eingabe, mit der in der neunten und zehnten Versammlung die Stände den König aufforderten, die von dem Minister von Scheele ohne die Zustimmung der Provinzialständeversammlung erlassenen Maßregeln

„außer Kraft zu setzen, event. in Gemäßheit des § 11 der Verordnung vom 11ten Juni 1854, betreffend die Verfassung des Herzogthums Holstein, der Versammlung der Holsteinischen Provinzialstände zur verfassungsmäßigen Beschlußnahme baldthunlichst vorlegen zu lassen"[4].

---

[3] Holst. Ständezeitung 1857, 1. Beilagenheft, Sp. 4; 1859, 1. Beilagenheft, Sp. 34; 1861, 1. Beilagenheft, Sp. 6.

[4] Holst. Ständezeitung 1857, Sp. 23; 1859, Sp. 414.

Die wiederholte Stellung dieser Proposition, die von der zehnten Provinzialständeversammlung sogar einstimmig angenommen wurde[5], zeigt, daß die Verfahren gegen den Minister von Scheele einer der Gründe für die wieder erwachende, sich ständig verstärkende Opposition gegen die dänische Gesamtstaatspolitik waren. Insoweit besaß der geschilderte Prozeß eine über das Land hinausreichende Bedeutung. Die rechtsprechende Gewalt war überfordert, wenn man sie als „Hüter der Verfassung" wirken lassen wollte, weil im konstitutionellen Staat die Kräfteverhältnisse nach der Verfassung noch anderer Art waren als später im demokratischen Rechtsstaat. Damals waren nämlich die Befugnisse der Regierung — als anderweitige Bezeichnung für ihre Verantwortlichkeit — letzten Endes vom Legitimitätsprinzip geprägt, wonach, ungeachtet einer in der Verfassung konstituierten Beschränkung, der Monarch regelmäßig alle Rechte der Staatsgewalt in sich vereinigte. So ist dann die Frage der Realisierung der Ministerverantwortlichkeit letztlich ein Problem der Legitimation der herrschaftlichen Befugnisse im konstitutionellen Staat, das bis zum Ende der Monarchie 1918 keine Lösung fand[6].

---

[5] Holst. Ständezeitung 1859, Sp. 633.

[6] Zur Legitimation der hoheitlichen Gewalt als konstitutionelles Verfassungsproblem vgl. *von Unruh*, Legitimation, S. 433 ff.

Anhang

I. Das Urteil des Oberappellationsgerichts vom 1. September 1856

Frederik VII u.s.w.

In Sachen des Präsidenten der Holsteinischen Städteversammlung, Kammerherrn Baron C. von Scheel-Plessen, Commandeur des Dannebrog-Ordens, Anklägers, wider den Minister ad interim für die Herzogthümer Holstein und Lauenburg, Kammerherrn, Geheimen-Conferenzrath Ludwig Nicolaus v. Scheele, Ritter des Elephanten-Ordens, Großkreuz des Dannebrog-Ordens und Dannebrogsmann, Angeklagten,

wegen Verletzung der Verordnung vom 11. Juni 1854,

betreffend die Verfassung des Herzogthums Holstein,

ergeben das vom Ankläger eingereichte Ladungsgesuch nebst Anlagen sowie der von ihm eingelegte Anklagereceß und die Vertheidigungsschrift des Citaten:

Von der 8ten Holsteinischen Provinzialständeversammlung ist in ihrer 20ten Sitzung vom 1. Februar 1856 der Beschluß gefaßt worden:

„daß in Gemäßheit des Ausschußantrages der Minister für Holstein v. Scheel, weil er die Verfassung verletzt und verschiedene organische Gesetze und andere Verfügungen ohne die Genehmigung der Ständeversammlung und ohne dringende Noth erlassen und die dadurch getroffenen Einrichtungen sofort ausgeführt hat, in Anklagestand zu versetzen, und daß dem § 14 der Verfassung gemäß der Präsident mit der Ausführung dieses Beschlusses zu beauftragen sei."

In dem Ladungsgesuch und dem Anklagereceß sind als die gesetzlichen Verfügungen, welche nach diesem Beschluß der Ständeversammlung den Gegenstand der Anklage bilden, folgende bezeichnet:

1, die Resolution vom 9. Mai vor. Jahres, betreffend die Trennung der Justiz von der Administration in den Aemtern Kiel, Cronshagen und Bordesholm;

2, die Instruction für den Curator der Universität zu Kiel, wie auch Oberdirector der gedachten Stadt und Commissär für den benachbarten Güterdistrict vom 9. Mai v. J.;

3, die Verfügung vom 19. Mai v. J., betreffend die Organisation der Verwaltung und der Rechtspflege in der Herrschaft Pinneberg;

4, die Bekanntmachung für das Herzogthum Holstein vom 29. August v. J., betreffend die fremde Courant-Scheidemünze;

5, die Resolutionen vom 13. und 25. September v. J., betreffend die Trennung der Justiz von der Administration in den Aemtern Reinbeck, Trittau und Tremsbüttel;

6, die Instruction für den Commissär für die adel. Güter Ahrensburg, Blumendorf, Borstel, Grabau, Höltenklinken, Hohenholz, Hoisbüttel, Jersbeck mit Stegen, Krumbeck, Schulenburg, Wulfsfelde, den gräflich Schimmelmann'schen Antheil des Guts Wandsbeck und die Kanzleigüter Silck und Tangstedt und den nicht landesherrlichen Theil von Wellingsbüttel vom 27. September v. J.;

7, das Ministerialschreiben vom 29. Sept. v. J., betreffend die dem Amthause für die Aemter Kiel, Cronshagen und Bordesholm zustehende Polizeistrafgewalt;

8, die Bekanntmachung für das Herzogthum Holstein vom 22. Decbr. v. J., betreffend die Ausdehnung des gegen den Gebrauch der fremden Courant-Scheidemünze erlassenen Verbots auf den Grenzzolldistrict.

Zur Begründung der Anklage stützt der Ankläger sich unter Berufung auf die §§ 11, 13 und 14 der Verordnung vom 11ten Juni 1854 betreffend die Verfassung des Herzogthums Holstein im Allgemeinen auf folgende Sätze:

I, Die den Gegenstand der Anklage bildenden Verfügungen beträfen Angelegenheiten, welche zum amtlichen Wirkungskreise des Ministeriums für das Herzogthum Holstein gehörten; dieselben seyen von dem Angeklagten theils unterzeichnet, theils contrasignirt, alle seyen auf seine Vorstellung Allerhöchst beschlossen worden;

II, Dieselben seien ihrer Beschaffenheit nach gesetzliche Verfügungen, d. h. sie enthielten Veränderungen in der Gesetzgebung, welche verfassungsmäßig in der Regel nicht anders, als nach vorgängiger Zustimmung der Provinzialstände vorgenommen werden sollten. Dieselben seien mit Ausnahme der unter No. 4 und 8 aufgeführten, sogar organische Gesetze, welche verfassungsmäßig ohne vorgängige Genehmigung der Stände, also provisorisch, gar nicht erlassen werden dürften.

III, Die fraglichen Verfügungen seien ohne vorgängige Zustimmung der Ständeversammlung erlassen worden.

IV, Zur Erlassung derselben ohne vorgängige Zustimmung der Ständeversammlung sei ein dringender Grund nicht vorhanden gewesen; sie hätten also, selbst abgesehen davon, daß dieselben zum Theil organische Gesetze seyen, auch provisorisch nicht erlassen werden dürfen.

V, Der Angeklagte habe daher durch seine Mitwirkung bei Erlassung der erwähnten gesetzlichen Verfügungen sein Amt verbrochen.

Unter dem Bemerken, daß Letzteres selbst dann der Fall sein würde, wenn auch nur in Ansehung einer der angeführten Verfügungen, ja selbst nur hinsichtlich einer einzigen Bestimmung derselben die Klage für begründet zu erachten wäre, hat der Ankläger sodann die obigen Sätze näher entwickelt, und beantragt, für Recht zu erkennen:

daß zur Erlassung der angeführten, ohne die verfassungsmäßig erforderliche vorgängige Zustimmung der Versammlung der Provinzialstände erlassenen gesetzlichen Verfügungen ein dringender Grund nicht vorhanden gewesen sei, daß diese Verfügungen verfassungswidrig erlassen seien, und daß daher der angeklagte Minister ad interim für das Herzogthum Holstein sein Amt verbrochen habe.

Von dem Vertheidiger des Angeklagten ist im Wesentlichen hervorgehoben, daß der Beschluß der Ständeversammlung es ganz unbestimmt gelassen habe, welche Allerhöchste Verfügungen den Gegenstand der Anklage bilden sollten, und daß es dem Citanten als Mandatar nicht freistehe, nach seinem Ermessen zu bestimmen, welche Gesetze und Verfügungen er in Folge dieses

Beschlusses zum Gegenstand der Anklage machen wolle. Es ist indeß die Würdigung dieses Mangels lediglich dem gerichtlichen Ermessen anheimgestellt und in dieser Richtung nur noch bemerkt, daß die unter No. 8 aufgeführte Bekanntmachung vom 22. Decbr. 1855 weder in dem am 25. Janr. 1856 erstatteten Ausschußbericht noch in den Verhandlungen der Ständeversammlung über diesen Gegenstand angeführt, oder sonst berührt sei, mithin nach dem Beschluß der Ständeversammlung überhaupt nicht Gegenstand der Anklage genannt werden könne, und daß die unter 1 und 5 aufgeführten Allerhöchsten Resolutionen nicht ganz richtig bezeichnet seien. Hiervon abgesehen wird eingeräumt, daß sämmtliche in dem Ladungsgesuch unter No. 1 bis 8 aufgezählten Allerhöchsten Resolutionen, Instructionen, Bekanntmachungen und sonstigen Verfügungen erlassen und im Gesetz- und Ministerialblatt für die Herzogthümer Holstein und Lauenburg bekannt gemacht, sowie, daß sie von dem gegenwärtigen Minister für Holstein und Lauenburg theils contrasignirt, theils unterzeichnet, auch alle auf seine Vorstellung von Sr. Majestät dem Könige genehmigt und darauf publicirt seien.

Sodann beschäftigt sich die Vertheidigungsschrift unter dem Bemerken, daß der § 14 des Verfassungsgesetzes der Ständeversammlung nur ein beschränktes Anklagerecht in Beziehung auf provisorische Verfügungen einräume und dieser § überdies schon allein deshalb strenger zu interpretiren sei und auf keine ähnliche Regierungshandlungen ausgedehnt werden dürfe, weil er eine Strafbestimmung enthalte, mit der nähern Nachweisung, daß die in Frage stehenden Allerhöchsten Resolutionen als provisorische Gesetze oder Verfügungen im Sinne des § 13 des Verfassungsgesetzes überall nicht zu betrachten und als solche auch nicht erlassen seien. Mit Rücksicht hierauf wird die Befugniß der Ständeversammlung zur Erhebung einer Anklage wegen der fraglichen Verfügungen sowie die Competenz des Oberappellationsgerichts für eine solche Anklage bestritten. Wiewohl der Vertheidiger hierdurch die Zurückweisung der Klage für genügend gerechtfertigt hält, so ist doch annoch zu zeigen versucht, daß auch materiell durch die Verwerfung der Anklage kein Unrecht geschehe und in dieser Hinsicht auszuführen gesucht, daß die zur Begründung der Anklage aufgezählten Allerhöchsten Verfügungen zu ihrer Gültigkeit der Zustimmung der Ständeversammlung nicht bedürften und deshalb auch die Frage über die Dringlichkeit, deren Mangel bei den provisorischen Verfügungen im Sinne des Verfassungsgesetzes eventuell von der Ständeversammlung nachzuweisen sein würde, bei den vorliegenden von der Regierung für nothwendig erachteten Verfügungen überall nicht in Betracht komme. Unter Hinzufügung einiger Bemerkungen darüber, daß der Antrag der Anklage der gesetzlichen Bestimmungen auch insofern nicht entspreche, als derselbe auf einen Ausspruch über Verfassungswidrigkeit der Verfügungen und die Folge einer Entscheidung wider den Minister gerichtet sei, geht der Schlußantrag dahin:

daß der Citant mit seiner unbegründeten Klage abzuweisen und zur Erstattung der durch dieselbe erwachsenen Kosten schuldig sei.

Mit Beziehung auf Vorstehendes wird nach stattgehabter öffentlicher und mündlicher Verhandlung

in Erwägung, daß zwar der angeführte Beschluß der Ständeversammlung nicht speciell die Verfügungen namhaft macht, deren Erlassung den Gegenstand der Anklage bilden soll, diese Unbestimmtheit in dem gefaßten Beschlusse aber, was die unter 1 - 7 angeführten Verfügungen betrifft, dadurch hinlänglich gehoben wird, daß in den gedachten Beschluß die ausdrückliche Bestimmung aufgenommen ist, daß „in Gemäßheit des Aus-

schußantrages" die Anklage erhoben werden soll, in dem diesem Antrage zum Grunde liegenden Ausschußberichte vom 25. Jan. d. J. aber die unter 1 - 7 angeführten Verfügungen mit genügender Bestimmtheit als diejenigen bezeichnet sind, deren Erlassung den Gegenstand einer demnächst zu erhebenden Anklage gegen den Minister zu bilden haben würde, — daß dagegen die unter 8 angeführte Bekanntmachung vom 22. Decbr. 1855, betreffend die Ausdehnung des gegen den Gebrauch der fremden Courant-Scheidemünze erlassenen Verbots auf den Grenzzolldistrict, in dem gedachten Ausschußbericht nicht genannt ist, daher auch als unter den die Ministeranklage betreffenden Beschluß der Ständeversammlung fallend nicht angesehen werden kann, und die Erlassung derselben mithin bei der Prüfung der Anklage überall nicht in Betracht gezogen werden darf;
in Erwägung, daß die gedachten Verfügungen von dem gegenwärtigen Minister für die Herzogthümer Holstein und Lauenburg theils contrasignirt, theils unterzeichnet, und alle auf seine Vorstellung von Sr. Majestät dem Könige genehmigt, darauf publicirt und in Kraft gesetzt worden sind;
in Erwägung aber, daß nach der Bestimmung der §§ 13 und 14 der Verordnung vom 11. Juni 1854, betreffend die Verfassung des Herzogthums Holstein:

> „Wir behalten Uns vor, ausnahmsweise in dringenden Fällen, wenn die Provinzialstände nicht versammelt sind, und ihre Einberufung nicht so schnell stattfinden könnte, wie die Umstände es erheischen würden, auch ohne ihre vorgängige Zustimmung die erforderlichen Verfügungen, mit Ausnahme von organischen Gesetzen, provisorisch zu erlassen, welche jedenfalls so lange Gesetzeskraft behalten, bis rücksichtlich ihrer ein verfassungsmäßiger Beschluß gefaßt worden ist. Die Gesetzeskraft dieser provisorischen Verfügungen hört aber auf, insoweit nicht rücksichtlich ihrer ein zustimmender ständischer Beschluß hinzutritt.
>
> Wenn nach dem Erachten der Versammlung der Provinzialstände zur Erlassung einer solchen provisorischen Verfügung ein dringender Grund nicht vorhanden gewesen ist, so soll die Versammlung befugt sein, diese Frage durch ihren Präsidenten vermittelst einer wider Unseren Minister für die Herzogthümer Holstein und Lauenburg anzustellenden Klage Unserem Oberappellationsgericht für die Herzogthümer Holstein und Lauenburg zur Entscheidung vortragen zu lassen" —

Da es nicht zweifelhaft sein kann, daß die im § 14 vorkommenden Worte „diese Frage" auf die unmittelbar vorher erwähnte Dringlichkeitsfrage zu beziehen sind, das Oberappellationsgericht lediglich zur Entscheidung der Frage befugt ist, ob die von dem Minister angeführten, von der Ständeversammlung aber nicht als hinreichend angesehenen, Gründe für die Nothwendigkeit der provisorischen Erlassung einer in Rede stehenden Verfügung für genügend zu erachten sind;

in Erwägung, daß die Auffassung des Anklagerechts in dieser Beschränkung auch mit den anderweitigen Bestimmungen des § 13 des Verfassungsgesetzes im Einklang steht, welche darauf hindeuten, daß die provisorischen Verfügungen, wegen deren die Ständeversammlung eine Anklage zu beschließen sich veranlaßt findet, derselben vorgelegt sind, und rücksichtlich ihrer Fortdauer ein verfassungsmäßiger Beschluß gefaßt ist;

in Erwägung, daß die vorstehende Erklärung der im § 14 des Verfassungsgesetzes enthaltenen Bestimmungen ihre vollständige Bestätigung in den

Motiven zum Entwurf des Verfassungsgesetzes findet, indem es hierin heißt:

> „daß der Ständeversammlung das Recht eingeräumt wird, die behauptete Nothwendigkeit zur provisorischen Erlassung der in Rede stehenden Verfügung zu prüfen, und wenn sie sich mit den Gründen für dieselbe nicht würde einverstanden erklären können, ihrer entgegenstehenden Ansicht die Form der Beschwerde über den Minister zu geben. Es ist zu dem Ende in dem § 14 des Entwurfs die Bestimmung enthalten, daß eine solche Beschwerde seitens der Ständeversammlung durch ihren Präsidenten bei dem Oberappellationsgericht angebracht werden könne, und daß dieses eine Entscheidung darüber abzugeben habe, ob die provisorische Erlassung der in Frage stehenden Verfügung als gerechtfertigt anzusehen sei, oder nicht. — Das Oberappellationsgericht wird sich lediglich auf einen Ausspruch über diese Frage zu beschränken haben, u. s. w.;

in Erwägung, daß dagegen die Erledigung einer Meinungsverschiedenheit zwischen der Regierung und der Ständeversammlung über die Frage, ob eine erlassene Verfügung von der Art sei, daß sie überall der ständischen Zustimmung zu ihrer definitiven Gültigkeit bedürfte, ebenso wenig, wie eine Entscheidung über anderweitige, etwa von der Ständeversammlung behauptete Verfassungsverletzungen von Seiten des Ministers, innerhalb der Grenzen der dem Oberappelationsgerichte durch den § 14 der Verfassungsverordnung beigelegten Competenz liegt, und daß, wenn auch demnach der durch den § 14 der Verfassungsverordnung gewährten Garantie insofern, als sie lediglich gegen eine einzelne der verschiedenen möglichen Verletzungen der Verfassung durch den Minister gegeben ist, eine große Bedeutung nicht sollte beigelegt werden können, diese Erwägung doch nicht zu dem Schlusse berechtigt, daß der Ständeversammlung durch die Einräumung des Rechts zur Klage bei dem Oberappellationsgericht eine ausgedehntere Befugnis beizulegen sei, als die Worte des Gesetzes, in Verbindung mit den Motiven, ergeben, zumal da der übrige Inhalt der Verfassung und die deren Erlassung vorhergegangenen ständischen Erörterungen weit mehr den Schluß begründen, daß eine so umfassende Garantie, wie die Anklage in Anspruch nimmt, zu gewähren nicht beabsichtigt worden sei;

in Erwägung, daß eine Competenz des Oberappellationsgerichts zur Erledigung der Frage, ob eine ohne Genehmigung der Ständeversammlung erlassene Verfügung nur als provisorische hätte erlassen werden dürfen, sich ebenfalls aus der Regel, daß der für die Hauptfrage competente Richter auch zur Entscheidung der in Betracht kommenden Präjudicialfragen befugt ist, deshalb nicht herleiten läßt, weil dem Obigen nach die Competenz des Oberappellationsgerichts zur Erledigung der Dringlichkeitsfrage dadurch bedingt ist, daß Regierung und Stände darüber einverstanden sind, daß eine provisorische Verfügung im Sinn des § 13 der Verfassungsverordnung vorliegt, und mithin lediglich die Frage, ob zur provisorischen Erlassung einer solchen Verfügung ein dringender Grund vorhanden gewesen sei, einer Entscheidung bedarf, auch die angeführte processualische Regel bei der dem Oberappellationsgericht hier zugewiesenen außerordentlichen Function überall keine Anwendung finden kann,

und in Erwägung, daß die gedachten unter 1 - 7 angeführten Verfügungen weder als provisorische bezeichnet sind, noch die Zustimmung der Städteversammlung vorbehalten haben, auch der Vertheidiger des Angeklagten die Qualität derselben als provisorischer Verfügungen im Sinne des § 13 der Verfassungsverordnung ausdrücklich in Abrede stellt, und vielmehr behauptet, daß für die Erlassung der fraglichen Verfügungen in Übereinstimmung mit dem § 11 der Verfassungsverordnung die Zustimmung der Ständeversammlung überall nicht erforderlich gewesen sei;

in schließlicher Erwägung, daß demnach im vorliegenden Falle die dem Oberappellationsgerichte durch den § 14 der Verfassungsverordnung vom 11. Juni 1854 beigelegte Competenz für begründet nicht zu erachten ist,

hiemit für Recht erkannt:

daß das Oberappellationsgericht nicht competent sei, eine Entscheidung über die erhobene Anklage abzugeben.

V. R. W.

Urkundlich

Publicirt im Königl. Oberappellationsgerichte zu Kiel
den ersten September 1856

Schm.

II. Die königliche Antwort vom 16. Februar 1856

Frederik der Siebente, von Gottes Gnaden König zu Dänemark, der Wenden und Gothen, Herzog zu Schleswig, Holstein, Stormarn, der Dithmarschen und zu Lauenburg, wie auch zu Oldenburg

Unter dem 6ten d. M. hat die Provinzialständeversammlung für Unser Herzogthum Holstein eine Vorstellung allerunterthänigst bei Uns eingereicht, in welcher Beschwerden über das Ministerium für die Herzogthümer Holstein und Lauenburg und Klagen über den Zustand in dem besagten Herzogthum Holstein niedergelegt sind.

Nachdem diese Sache Uns in Unserem Geheimenstaatsrathe verfassungsmäßig vorgetragen worden ist, eröffnen Wir in dieser Beziehung der Provinzialständeversammlung Folgendes:

Die Beschwerde über die Allerhöchst verfügte Entlassung in Gnaden und mit Pension der bezüglichen 4 Beamten ist unberechtigt.

Unberechtigt ist gleichfalls die Beschwerde über Maßregeln, welche zum Zwecke der nur zu lange durch ungebührlichen Widerstand verzögerten Einführung der Landesmünze nothwendig geworden waren und verfügt worden sind.

Die Wahl eines Mannes zum Curator für die Universität allein deshalb zum Gegenstande einer Beschwerde zu machen, weil dieser Mann ein Officier war, ohne jegliche Rücksicht auf die persönliche und wissenschaftliche Bildung des Mannes zu nehmen, ist ebenso ungereimt, als ungebührlich.

Die Beamten zur Erfüllung ihrer Amtspflicht anhalten, eine Demoralisierung des Beamtenstandes zu nennen, setzt eine beklagenswerthe Unklarheit der Begriffe voraus.

Wenn die Ständeversammlung in ihrer allerunterthänigsten Eingabe solche Beschwerden als Beweismittel für die Behauptung gebraucht, daß das Recht, die Wissenschaft, die Verwaltung und die materiellen Interessen des Landes in Gefahr seien, so tritt die Nichtigkeit einer solchen Behauptung um so stärker in einem Augenblicke hervor, in welchem Wir durch Unser Ministerum der Ständeversammlung Gesetzesvorlagen haben machen lassen, durch welche die politischen Rechte der Ständeversammlung erweitert, früher für nöthig erachtete polizeiliche Beschränkungen bei Ausübung politischer Rechte hinweggeräumt, die gleiche Berechtigung vor dem Gerichte ermöglicht, Mündlichkeit und Oeffentlichkeit in den höchsten Gerichtshof eingeführt werden sollen, und in welchem endlich das Princip einer gleichen Besteuerung aller Unterthanen verfolgt wird. Sowie mehrfach in den diesjährigen Verhandlungen der Holsteinischen Provinzialstände, so auch in der Uns übersandten Eingabe vom 6ten d. M., haben Wir mehr die Resultate einer durch Sonderinteressen hervorgerufenen leidenschaftlichen Aufregung, als eines wahren Interesses für die Angelegenheiten Unseres Herzogthums Holstein erkennen müssen.

Mit Rücksicht hierauf können Wir dem Antrage der Versammlung, welcher Unser Vertrauen zu dem Minister für Holstein und Lauenburg zu schwächen nicht vermocht hat, keinen Einfluß auf Unsere Entschließungen einräumen.

Vorstehendes haben wir der Provinzialständeversammlung Unsers Herzogthums Holstein hiermit eröffnen wollen.

Gegeben auf Unserm Schlosse Christiansborg, den 16ten Febr. 1856.

Frederik R.

v. Scheele

Eröffnung für die Holsteinische Provinzialständeversammlung, betreffend die allerunterthänigste Eingabe derselben vom 6ten Febr. 1856.

III. Raasløffs Entwurf einer königlichen Antwort

Vi Frederik VII pp

Efterat det af Vor troe Provindsialstaenderforsamling for Hertugdømmet Holsteen indigivne allerunderdanigste Andragende hvori der føres Besvaering over den Holsteenske Ministers Bestyrelse og i Henhold dertil udtales bemeldte forsamlings Mistillid til ham, har vaeret Os allerunderdanigst forelagt, og Vi nøie have gjort Os bekjendt med samme, finde Vi Os Allerhøist foranlediget til, herved at tilkjendegive forsamlingen, at Vi ikke i det i bemeldte Andragende Anførte have kunnet finde nogensomhelst gyldig Grund til nogen saadan Mistillid, og at Vi desaarsags heller ikke have kunnet tage noget Hensyn dertil eller tillaege det nogen Indflydelse paa bemeldte Vor Ministers Stilling[1].

---

[1] *Übersetzung:*

Wir Frederik VII u. s. w.

Nachdem das von Unserer getreuen Provinzialständeversammlung für das Herzogtum Holstein eingebrachte alleruntertänigste Gesuch, worin Beschwerde über die Regierung des Holsteinischen Ministers geführt wird und diesbezüglich das Mißtrauen der genannten Versammlung ihm gegenüber ausgesprochen wird, Uns alleruntertänigst vorgelegt worden ist, und nach dem Wir Uns genau mit demselbigen bekannt gemacht haben, finden Wir Uns allerhöchst dazu veranlaßt, hiermit der Versammlung kund zu tun, daß Wir in dem in dem genannten Gesuch Aufgeführten überhaupt keinen gültigen Grund für irgendein solches Mißtrauen haben finden können, und daß Wir deshalb auch keine Rücksicht hierauf haben nehmen können oder dem irgendeinen Einfluß auf die Stellung Unseres genannten Ministers haben beilegen können.

Quellen- und Literaturverzeichnis

A. Ungedruckte Quellen

1. Landesarchiv Schleswig

Abt. 47 I	Kuratorium der Universität Kiel.
Abt. 50 a	Oberappellationsgericht zu Kiel.
Abt. 63	Provinzialstände und Landesversammlung.
Abt. 80	Ministerium für die Herzogtümer Holstein und Lauenburg in Kopenhagen.
Abt. 106	Ämter Bordesholm, Kiel, Kronshagen.
Abt. 168	Ämter Gottorf und Hütten.
Abt. 399	Nachlässe und Sammlungen. a. Otto Jensen. b. Karl Samwer.

2. Reichsarchiv Kopenhagen

Konseilpräsidium, Geheimestaatsrat, Journalakten für den Geheimestaatsrat und das Staatssekretariat CXXXXIII, 1856 14/2.

Ministerium für Holstein und Lauenburg, Vorstellungen 1855, Nr. 197, 232, 281.

Arkivnr. 6280, Nachlaß Ludwig Nicolaus von Scheele.
Kongehusarkivet, Nachlaß Friedrich VII.

B. Gedruckte Quellen[1]

Acten des Wiener Kongresses in den Jahren 1814 und 1815, Bd. 1, hrsg. von Johann Ludwig *Klüber*, Erlangen 1815.
(zit.: *Klüber*, Acten)

Aktenstücke zur neuesten Schleswig-Holsteinischen Geschichte, hrsg. von (Rudolf *Schleiden*), Leipzig 1851.
(zit.: *Schleiden*, Aktenstücke)

Auswahl europäischer Verfassungsurkunden von 1791 bis 1871, zusammengestellt von Ernst *Bernheim*, Greifswald 1910.
(zit.: *Bernheim*)

Briefe aus Schleswig-Holsteins schwerster Zeit, hrsg. von Justus von *Olshausen*, in: ZSHG 68 (1940), S. 180 ff.
(zit.: *Olshausen*)

---

1 Namen der Verfasser, die in den Schriften nicht genannt werden, stehen in Klammern.

Wir wollen Deutsche bleiben; Briefe zum Kampf Schleswig-Holsteins um sein deutsches Schicksal, hrsg. von Heinz *Rautenberg*, Leipzig 1939.
(zit.: *Rautenberg*)

Dokumente zur deutschen Verfassungsgeschichte, Bd. 1, hrsg. von Ernst Rudolf *Huber*, Stuttgart 1961.
(zit.: *Huber*, Dok.)

Protokolle der Deutschen Bundesversammlung, Frankfurt a. M. 1848, 1850.

Statsraadets Forhandlinger 1848 - 1863, Bind VI, udgivet af Rigsarkivet ved Harald *Jørgensen*, København 1964.
(zit.: Statsraadets Forhandlinger)

Parlamentarisches Taschenbuch enthaltend die Verfassungen, 2. Lfg., hrsg. von A. *Rauch*, Erlangen 1848.
(zit.: *Rauch*)

Ausgewählte Urkunden zur außerdeutschen Verfassungsgeschichte seit 1776, hrsg. von Wilhelm *Altmann*, 2. Aufl., Berlin 1913.
(zit.: *Altmann*)

Urkundenbuch zur Geschichte der Holstein-Lauenburgischen Angelegenheit am Deutschen Bunde in den Jahren 1851 bis 1858, Frankfurt a. M. 1858.
(zit.: Urkundenbuch)

Zeitung für die Verhandlungen der siebenten Holsteinischen Provinzialständeversammlung, Itzehoe 1853.

Zeitung für die Verhandlungen der achten Holsteinischen Provinzialständeversammlung, Itzehoe 1855/56.

Zeitung für die Verhandlungen der neunten Holsteinischen Provinzialständeversammlung, Itzehoe 1857.

Zeitung für die Verhandlungen der zehnten Holsteinischen Provinzialständeversammlung, Itzehoe 1859.

Zeitung für die Verhandlungen der elften Holsteinischen Provinzialständeversammlung, Itzehoe 1861.

Zeitung für die Verhandlungen der zwölften Holsteinischen Provinzialständeversammlung, Itzehoe 1863.

Zeitung für die Verhandlungen der sechsten Schleswigschen Provinzialständeversammlung, Schleswig 1846.

Zeitung für die Verhandlungen der siebenten Provinzialständeversammlung für das Herzogthum Schleswig, Flensburg 1853/54.

Zusammenstellung der jetzt noch geltenden Gesetze, Verfügungen etc., hrsg. von Rudolf Johann *Burchardi*, Kiel 1864.
(zit.: *Burchardi*, Gesetze)

C. Zeitungen

Altonaer Mercur

Correspondenzblatt und Kieler Wochenblatt

Neue Preußische Zeitung

Vossische Zeitung

D. Literatur

Alberti, Eduard: Lexikon der Schleswig-Holstein-Lauenburgischen und Eutinischen Schriftsteller von 1829 bis Mitte 1866, 2 Bände, Kiel 1867/1868. (zit.: *Alberti*, I)

— Lexikon der Schleswig-Holstein-Lauenburgischen und Eutinischen Schriftsteller von 1866 bis 1882, 2 Bände, Kiel 1885/1886. (zit.: *Alberti*, II)

Anschütz, Gerhard: Deutsches Staatsrecht, in: Enzyklopädie der Rechtswissenschaft, begr. von Franz von Holtzendorff, hrsg. von Josef Kohler, 2. Aufl., Bd. 4, München, Leipzig und Berlin 1914, S. 1 ff.

Bähr, Otto: Der Rechtsstaat, Cassel und Göttingen 1864.

Berger, Raoul: Impeachment: The constitutional problems, Cambridge (Massachusetts) 1974.

Beseler, Wilhelm Hartig: Zur schleswig-holsteinischen Sache im August 1856, Braunschweig 1856.

Bischof, Hermann: Ministerverantwortlichkeit und Staatsgerichtshöfe in Deutschland, Gießen 1859.

Bluntschli, Johann Caspar: Allgemeines Statsrecht, 4. Aufl., Bd. 2, München 1868. (zit.: *Bluntschli*, Statsrecht)

— Verantwortlichkeit der höchsten Staatsbeamten, in: Deutsches Staats-Wörterbuch, hrsg. von Bluntschli und Brater, Bd. 10, Stuttgart und Leipzig 1867, S. 746 ff. (zit.: *Bluntschli*, Staatswörterbuch)

Böckenförde, Ernst-Wolfgang: Die Einheit von nationaler und konstitutioneller politischer Bewegung im deutschen Frühliberalismus, in: Moderne deutsche Verfassungsgeschichte (1815 - 1918), hrsg. von Ernst-Wolfgang Böckenförde, Köln 1972.

Boysen, Carl: Carl Baron von Scheel-Plessen, in: QuFGSH, Bd. 19, Neumünster 1938.

Brandt, Otto: Geistesleben und Politik in Schleswig-Holstein um die Wende des 18. Jahrhunderts, 2. Aufl., Stuttgart-Berlin-Leipzig 1927.

Brandt / Klüver: Geschichte Schleswig-Holsteins, 7. Aufl., Kiel 1976.

(*Buddeus*, Johann Karl Emanuel): Die Ministerverantwortlichkeit in konstitutionellen Monarchien, Leipzig 1833.

Burchardi, Georg Christian: Lebenserinnerungen eines Schleswig-Holsteiners, hrsg. von Wilhelm Klüver, Flensburg 1927. (zit.: *Burchardi*, Lebenserinnerungen)

Busch, Moritz: Schleswig-Holsteinische Briefe, 2 Bände, Leipzig 1856.

van Calker, Fritz: Grundzüge des Deutschen Staatsrechts, 2. Aufl., München 1928.

Christern, Hermann: Friedrich Christoph Dahlmanns politische Entwicklung bis 1848. Ein Beitrag zur Geschichte des Liberalismus, Leipzig 1921.

Constant, Benjamin: Cours de politique constitutionelle, Paris 1861.

Dahlmann, Friedrich Christoph: Kleine Schriften und Reden, Stuttgart 1886.

Dallinger, Wilhelm Eugen: Die Ministeranklage in der Geschichte des bayerischen Verfassungsrechts, Jur. Diss., Bottrop 1934.

Danmarks Adels Aarbog, Tiende Aargang, København 1893.

Dansk Biografisk Leksikon, Grundlagt af C. F. Bricka; redigeret af Poul Engelstoft, København 1933 ff.
(zit.: Bearbeiter, DBL)

von Dirckinck-Holmfeld, Constantin Baron: Herrn von Scheele's Sturz. Darstellung der Ministerkrisis im April 1857, Hamburg 1857.

Döhring, Erich: 125 Jahre Obergerichtsbarkeit in Schleswig-Holstein, in: SchlHA 1959, 229 ff.

Forsthoff, Ernst: Deutsche Verfassungsgeschichte der Neuzeit, 3. Aufl., Stuttgart 1967.

Francke, August Wilhelm Samuel: Der gemeine Deutsche und Schleswig-Holsteinische Civilprozeß, Erster Theil, 2. Aufl., Hamburg 1844.
(zit.: *Francke*, Civilprozeß I)

(*Francke*, Karl Philipp): Die Herzogtümer Schleswig-Holstein und Lauenburg in dem Dänischen Gesamtstaat. Juli 1856, Weimar 1856.
(zit.: *Francke*, Die Herzogtümer Juli 1856)

Freund, Ernst: Das öffentliche Recht der Vereinigten Staaten von Amerika, in: Das öffentliche Recht der Gegenwart, Bd. 12, Tübingen 1911.

von Frisch, Hans: Die Verantwortlichkeit der Monarchen und höchsten Magistrate, Berlin 1904.

Frotscher, Werner: Regierung als Rechtsbegriff, Berlin 1975.

Gareis, Carl: Allgemeines Staatsrecht, in: Handbuch des Oeffentlichen Rechts der Gegenwart, hrsg. von Heinrich Marquardsen, Bd. 1, 1. Halbbd., Freiburg 1887.

Gebauer, Johannes Heinrich: Christian August Herzog von Schleswig-Holstein. Ein Beitrag zur Geschichte der Befreiung Schleswig-Holsteins, Stuttgart und Leipzig 1910.

von Gerber, Carl Friedrich: Grundzüge des deutschen Staatsrechts, 3. Aufl., Leipzig 1880.

Gneist, Rudolf: Das Englische Verwaltungsrecht mit Einfluß des Heeres, der Gerichte und der Kirche, 2. Aufl., Bd. 1, Berlin 1867.

— Das Englische Verwaltungsrecht der Gegenwart im Vergleich mit den Deutschen Verwaltungssystemen, 3. Aufl., Berlin 1883/84.

Goos / Hansen: Das Staatsrecht des Königreichs Dänemark, in: Handbuch des Öffentlichen Rechts, Bd. 4, 2. Halbbd., 3. Abt., Freiburg 1889.

Gundlach, Alfred: Das Wesen der Ministerverantwortlichkeit und ihre Gestaltung in den deutschen Einzelstaaten, Jur. Diss., Rostock 1904.

Hänel, Albert: Studien zum Deutschen Staatsrechte, Bd. 2, Leipzig 1888.

Hammer, Hans: Ministerverantwortlichkeit im Deutschen Reiche, Jur. Diss., Forst (Lausitz) 1909.

Hartung, Fritz: Deutsche Verfassungsgeschichte, 8. Aufl., Stuttgart 1950.

Hatschek, Julius: Englisches Staatsrecht, Bd. 1, Tübingen 1905.

Hauke, Franz: Die Lehre von der Ministerverantwortlichkeit, Wien 1880.

von Hedemann-Heespen, Paul: Die Herzogtümer Schleswig-Holstein und die Neuzeit, Kiel 1926.

Henrici, Paul Christian: Lebenserinnerungen eines Schleswig-Holsteiners, Stuttgart und Leipzig 1897.

von Holst, H.: Das Staatsrecht der Vereinigten Staaten von Amerika, in: Handbuch des öffentlichen Rechts, Bd. 4, 1. Halbbd., 3. Abt., Freiburg 1885.

Huber, Ernst Rudolf: Friedrich Christoph Dahlmann und die deutsche Verfassungsbewegung, Hamburg 1937
(zit.: *Huber*, Dahlmann)

— Deutsche Verfassungsgeschichte seit 1789, Bd. I, II, III, Stuttgart 1957, 1960, 1963.
(zit.: *Huber*, Verfassungsgeschichte)

Jansen, Karl: Schleswig-Holsteins Befreiung, hrsg. und ergänzt von Karl Samwer, Wiesbaden 1897.
(zit.: *Jansen / Samwer*)

Kähler, Otto: Dahlmann und die Schleswig-Holsteinische Ritterschaft nach dem Wiener Kongreß, in: Aus Schleswig-Holsteins Geschichte und Gegenwart, Festschrift für Volquart Pauls, Neumünster 1950.

von Kaltenborn, Carl: Einleitung in das constitutionelle Verfassungsrecht, Leipzig 1863.

Kaufmann, Erich: Untersuchungsausschuß und Staatsgerichtshof, Berlin 1920.

de Kerchove de Denterghem, Oswald: De la responsabilité des ministres, Bruxelles 1867.

Klüber, Johann Ludwig: Übersicht der diplomatischen Verhandlungen des Wiener Kongresses, 1. Abt., Frankfurt 1816.
(zit.: *Klüber*, Übersicht)

Köbrich, Ludwig: Die Ministerverantwortlichkeit in Verfassungsstaaten auf historischer und staatsrechtlicher Grundlage, Jur. Diss., Würzburg 1913.

Krieghoff, Heinrich: Die Ministerverantwortlichkeit in Theorie und Praxis, Jur. Diss., Erlangen 1894.

Lemberg, Eugen: Geschichte des Nationalismus in Europa, Stuttgart 1950.

Linde, Richard: Die Ministerverantwortlichkeit im Deutschen Reich nach den Verfassungen vom 16. April 1871 und 11. August 1919, Jur. Diss., Würzburg 1922.

Lorenzen, Sievert: Friedrich Christian Schmidt (1776 - 1862); Oberappellationsgerichtspräsident (1847 - 1855). Zugleich ein Beitrag zur Geschichte des Schleswig-Holsteinischen Oberlandesgerichts in Schleswig, in: ZSHG Bd. 82 (1962), 153 ff.

Lornsen, Uwe Jens: Die Unionsverfassung Dänemarks und Schleswig-Holsteins; hrsg. von Georg Beseler, Jena 1841.
(zit.: *Lornsen*, Unionsverfassung)

— Über das Verfassungswerk in Schleswigholstein, Kiel 1830.
(zit.: *Lornsen*, Verfassungswerk)

Lucz, Adalbert: Ministerverantwortlichkeit und Staatsgerichtshöfe, Wien 1893.

Lüders: Aus der Geschichte der schleswig-holsteinischen Rechtsentwicklung 1834 - 1934, in: SchlHA 1934, 241 ff.

Marschall von Bieberstein, Fritz Freiherr: Die Verantwortlichkeit der Reichsminister, in: Anschütz-Thoma, Handbuch des Deutschen Staatsrechts, Bd. 1, S. 520 ff.

Maurer, Ernst: Die Ministerverantwortlichkeit in konstitutionellen Monarchien, Jur. Diss., Erlangen 1899.

Meißner, Otto: Das Staatsrecht des Reiches und seiner Länder, 2. Aufl., Berlin 1923.

Menger, Christian Friedrich: Deutsche Verfassungsgeschichte der Neuzeit, Karlsruhe 1975.

Meyer, Arnold Oskar: Das Erwachen des deutschen Nationalbewußtseins in Schleswig-Holstein, Kiel 1928.

Meyer / Anschütz: Lehrbuch des Deutschen Staatsrechts, 7. Aufl., München und Leipzig 1919.

Møller, Erik: Helstatens Fald, Første Del 1855 - 63, København 1958.

Mohl, Robert: Die Verantwortlichkeit der Minister in Einherrschaften mit Volksvertretung, Tübingen 1837.

von Moltke, Helmuth: Geschichte des Krieges gegen Dänemark 1848/49, in: Moltkes kriegsgeschichtliche Arbeiten, Bd. 3, Teil 1, Berlin 1893.

de Montesquieu, Charles: De l'esprit des loix, Amsterdam 1749.

Neergaard, Nils: Danmarks Riges Historie 1852 - 1864, Bd. 6 b, København 1896 - 1907.
(zit.: *Neergaard,* Riges Historie)

— Under Junigrundloven, Første Bind, København 1892; Andet Bind, København 1916.
(zit.: *Neergaard,* Under Junigrundloven)

Passow, Richard: Das Wesen der Ministerverantwortlichkeit in Deutschland, Tübingen 1904.

Pistorius, Theodor: Die Staatsgerichtshöfe und die Ministerverantwortlichkeit nach dem heutigen deutschen Staatsrecht, Tübingen 1891.

Pölitz, Karl Heinrich Ludwig: Die europäischen Verfassungen seit dem Jahre 1789, Leipzig 1833 - 1847.

Putzrath, Martin: Die Ministerverantwortlichkeit nach früherem und heutigem Reichs- und Landesstaatsrecht, Jur. Diss., Würzburg 1921.

Raasløff, Harald Iver Andreas: Die Verfassungszustände der Dänischen Monarchie und der deutsch-dänische Konflikt, Kopenhagen 1858.

Rauter: Über den französischen Gesetzes-Vorschlag, die Verantwortlichkeit der Minister betreffend, in: KrZ 7 (1835), 99 ff.; 8 (1836), 199 ff.; 9, (1837), 210 ff.

Rehm, Hermann: Allgemeine Staatslehre, in: Handbuch des Oeffentlichen Rechts, Einleitungsband, Freiburg, Tübingen und Leipzig 1899.

zu Reventlow, Ludwig: Das Geschlecht der Reventlow, in: ZSHG, Bd. 22 (1892) S. 1 ff.

Reyscher, August Ludwig: Sammlung der württembergischen Gesetze, Bd. 2, Stuttgart und Tübingen 1829.

Rosenkranz, A.: Historische Landeshalle für Schleswig-Holstein, Katalog der Portraitsammlung mit kurzen Biographien, Kiel 1903.

Ryffel, Hans: Verantwortung als sittliches Phänomen, in: Der Staat 1967, 275 ff.

Samuely, Adolf: Das Prinzip der Ministerverantwortlichkeit in der constitutionellen Monarchie, Berlin 1869.

Skowmand / Dybdahl / Rassmussen: Geschichte Dänemarks 1830 - 1939, Die Auseinandersetzung um nationale Einheit, demokratische Freiheit und soziale Gleichheit, übersetzt von Olaf Klose, Neumünster 1973.

Schambeck, Herbert: Die Ministerverantwortlichkeit, in: Juristische Studiengesellschaft Karlsruhe, Bd. 101, Karlsruhe 1971.

Scharff, Alexander: Friedrich Christoph Dahlmann — Leistung und Bedeutung für Universität und Land, in: ZSHG 90 (1965), 83 ff.

— Schleswig-holsteinischer Gedanke und deutsches Nationalbewußtsein im 19. Jahrhundert und heute, Neumünster 1951.
(zit.: *Scharff*, Schleswig-holsteinischer Gedanke)

— Vom Gesamtstaat zum Eiderstaat, in: Schleswig-Holstein 1963, 281 ff.

— Schleswig-Holstein und die Auflösung des dänischen Gesamtstaates 1830 bis 1864/67, in: Geschichte Schleswig-Holsteins, Bd. 7, 1. Lfg., Neumünster 1975.
(zit.: *Scharff*, Schleswig-Holstein)

— Die dänische Sprachpolitik in Mittelschleswig 1851 - 1864, in: ZSHG 91 (1966), 193 ff.

von Scheele, Ludwig Nicolaus: Fragmente in zwanglosen Heften, Erstes Heft Kopenhagen 1850, Zweites Heft Kopenhagen 1851.
(zit.: *von Scheele*, Fragmente)

— Zeugnis, abgefordert von dem Kirchenprobsten Nielsen in Schleswig in dessen „Materialien zu einer Appellation für Schleswig-Holstein und dessen Geistlichkeit", Kopenhagen 1850.
(zit.: *von Scheele*, Zeugnis)

Schleiden, Rudolph: Erinnerungen eines Schleswig-Holsteiners, Neue Folge 1841 - 1848, Wiesbaden 1890.
(zit.: *Schleiden*, Erinnerungen)

Schleswig-Holsteinisches Biographisches Lexikon, Bd. 1, hrsg. von Olaf Klose, Neumünster 1970.
(zit.: Bearbeiter, SHBL)

Schnabel, Franz: Geschichte der Ministerverantwortlichkeit in Baden, Karlsruhe 1922.
(zit.: *Schnabel*, Ministerverantwortlichkeit)

— Deutsche Geschichte im neunzehnten Jahrhundert, 2. Aufl., Bd. 2, Freiburg 1949.
(zit.: *Schnabel*, Geschichte)

Schneider, Fritz: Die Ministerverantwortlichkeit nach deutschem Reichsstaatsrecht unter Berücksichtigung des preußischen, bayerischen, sächsischen, württembergischen und badischen Landesstaatsrechts, Jur. Diss., Köln 1923.

Schweickhardt, Gertrud: Wilhelm Beseler als Politiker, in: QuFGSH, Bd. 12, Neumünster 1927.

(*Tagg*, Wulf): Aus dem heimischen Rechtsleben in den Jahren 1834 bis 1894. Festschrift für die Eröffnung des neuen Oberlandesgerichtsgebäudes in Kiel am 18. Oktober 1894, Kiel 1894.

Thudichum, F.: Die Ministeranklage nach geltendem deutschen Recht und ihre Unräthlichkeit in Reichssachen, in: Annalen des Deutschen Reichs 1885, 637 ff.

Thurau, Harald: Die Anfänge des deutschen nationalpolitischen Bewußtseins in Schleswig-Holstein, Flensburg 1939.

von Tiedemann, Christoph: Aus sieben Jahrzehnten; Erster Band: Schleswig-Holsteinische Erinnerungen, Leipzig 1905.

Trap, J. P.: Fra Fire Kongers Tid, Bind II, Frederik VII, udgivet af det Danske Sprog- og Litteraturselskab ved Harald Jørgensen, Kobenhavn 1966.

von Unruh, Georg Christoph: Vom Gesetzesstaat zum Rechtsstaat, in: DVBl 1975, 838 ff.

— Die polnische Konstitution vom 3. Mai 1791 im Rahmen der Verfassungsentwicklung der europäischen Staaten, in: Der Staat 1974, 185 ff.

— Die Legitimation der hoheitlichen Gewalt als konstitutionelles Verfassungsproblem, in: Festschrift für Ernst Forsthoff zum 70. Geburtstag, 2. Aufl., München 1974, S. 433 ff.
(zit.: *von Unruh*, Legitimation)

— Schleswig-Holstein. Werden und Wert eines Bundeslandes, Itzehoe 1971.

Wippermann, Georg: Die Ministeranklage nach Reichsrecht, Jur. Diss., Göttingen 1922.

Wolfram, Otto: Die Ministeranklage nach dem Verfassungsrecht des Reiches und der Länder, Jur. Diss., Jena 1930.

Würdemann, Paul: Die Ministeranklage nach der Reichsverfassung und den Landesverfassungen, Jur. Diss., Jena 1922.

Zachariä, Heinrich Albert: Deutsches Staats- und Bundesrecht, 3. Aufl., 1. Theil, Göttingen 1865.

Zöpfl, Heinrich: Grundsätze des gemeinen deutschen Staatsrechts, 5. Aufl., Bd. 2, Leipzig und Heidelberg 1863.

(anonym):

— Die Holsteinische Provinzialständeversammlung gegen den Minister! Der Minister aber für das Volk!, Preetz 1856.

— Ein Stück Dänisch-Deutsche Geschichte im Mai 1855, Weimar 1855.
(zit.: Ein Stück Dänisch-Deutsche Geschichte)

— Die mündliche Verhandlung vor dem Königl. Oberappellationsgericht am 25. August 1856, Kiel 1856.
(zit.: Die mündliche Verhandlung)

— Zur Widerlegung der Bargum'schen Vertheidigungsschrift für den Minister von Scheele, Kiel 1856.

— Ein Wort über die Entscheidung des Oberappellationsgerichts, Kiel 1856.